「国際商事法」の事件簿

過去の有名事件から学ぶ国際ビジネス紛争の解決策

長谷川 俊明 著
Toshiaki Hasegawa

東京ヒルトン事件
東芝ココム事件
マレーシア航空事件
東海銀行事件
大阪コンクリート工業倒産事件
米国住友商事・伊藤忠商事雇用差別訴訟
大和銀行事件
日米半導体摩擦
PCI事件
ピケンズ対小糸製作所事件
TOB合戦
イベントオブデフォルト事件
アップルコンピュータ事件
関空談合事件
ノーパンしゃぶしゃぶ事件
IBM産業スパイ事件
ベトナムペプシ事件
グランドメトロポリタン事件
三田工業事件
ヤオハン・グループ事件
リングリング・ブラザーズ事件

経済法令研究会

はじめに

　太平洋戦争の終結（1945年8月）から、約70年が経過した。この間日本は戦後の復興に取り組む一方で、1952年にはサンフランシスコ講和条約によって国際社会への復帰を果たした。ただ、企業による海外進出が本格化するのは1970年代に入ってからである。これに先立つ1964年には東京オリンピックがあり、外国からの選手団、観光客を多く受け入れるなど「内なる国際化」を一気に推し進めるきっかけとなった。

　1964年から49年後の2013年9月には2回目となる東京でのオリンピック開催（2020年）が決定した。

　オリンピックの直前には、外国からの宿泊客に対応するため東京で第1次ホテルブームが生まれたが、そのなかでテーマ1の「東京ヒルトン事件」は起こった。裁判にもなり、英文契約書のテキストには必ずと言ってよいほど取り上げられる。この事件を通じ、日本企業は、国際取引に使う英文契約の「落とし穴」と「怖さ」を知ることになった。

　いまは、国際化を通り越し、世の中あげてのグローバル化への対応が求められる時代となった。しかし、経済分野に比べるならば法の分野のグローバル化が遅れがちなことがあり、日本企業は、グローバル化対応が求められる前の国際化対応に追われた時期から現在に至るまでの間に起こった大きな事件に学ぶべき教訓は多い。

　「歴史は繰り返す」というが、法律問題や訴訟事件も例外ではない。オリンピックそのものはもちろん事件でも事故でもないが、いまから2020年の東京オリンピックを見込んでか、2014年に入って、とくに外資系ホテルの日本進出が相次いでいる。「東京ヒルトン事件」に似た法的トラブルが再び起こらないとは限らない。

　本書では、戦後の企業法務分野に起こった主要な国際事件を取り上げ、その後、比較的最近に起こった類似の事件があればこれと対比させながら検証

し教訓を探る。年代的には、1960年代の東京ヒルトン事件から執筆時にもまだ継続中の先端技術流出事件まで、本書で取り上げた諸事件は、戦後日本の国際商事法の「事件簿」というに値するものと自負している。1980年代以降の諸事件のなかには、筆者自身弁護士として直接、間接に関与した事件も含まれている。それらの事件についての記述には、守秘義務との関係でとくに公表されている資料に基づくように配慮した。

　本書の内容は、2012年9月号から2014年8月号までにかけて「国際商事法の事件簿」として「国際商事法務」誌（一般社団法人国際商事法研究所刊）に連載した論文がもとになっている。新しい情報を踏まえ適宜加筆訂正を行った。連載を認めて下さった同研究所常務理事事務局長の姫野春一氏には心より感謝している。

　また、これを一冊の本として出版するにあたっては、経済法令研究会の菊池一男氏に大変お世話になった。本書が日本企業の法務のグローバル化に少しでも参考になるならば幸甚である。

　　2015年1月

　　　　　　　　　　　　　　　　　　　　　　　　　　　　長谷川俊明

＜凡例＞
- 判決などの引用文中で[　]で示した部分は、筆者による注である。
- とくに断りがない限り、英文原文からの訳は筆者による。

目 次

はじめに　i

テーマ 1	東京ヒルトン事件	1
テーマ 2	ココム規制違反事件	10
テーマ 3	航空機事故と国際裁判管轄	20
テーマ 4	レター・オブ・コンフォート	28
テーマ 5	米国雇用差別訴訟	38
テーマ 6	大和銀行事件	47
テーマ 7	日米半導体摩擦	56
テーマ 8	外国公務員に対する贈賄事件①	64
テーマ 9	外国公務員に対する贈賄事件②	74
テーマ 10	敵対的買収	83
テーマ 11	TOB合戦	91
テーマ 12	国際資源開発プロジェクトとリスク	99
テーマ 13	製品事故とPL（製造物責任）訴訟	107
テーマ 14	巨大事故とアンビュランス・チェイシング	116
テーマ 15	国際的消極的確認の訴え	125
テーマ 16	産業スパイ事件	133
テーマ 17	法律の域外適用	141
テーマ 18	フェアユース問題	149
テーマ 19	国際倒産事件①	157
テーマ 20	国際倒産事件②	165
テーマ 21	国際仲裁事件	173
テーマ 22	国際税務訴訟	187

索引　202

本書の内容に関する訂正等の情報
　本書は内容につき精査のうえ発行しておりますが、発行後に訂正（誤記の修正）等の必要が生じた場合には、当社ホームページ（http://www.khk.co.jp/）に掲載いたします。

　　（ホームページトップ： メニュー 内の 追補・正誤表 ）

テーマ 1
東京ヒルトン事件

■はじめに

「東京ヒルトン事件」は、日本が東京オリンピックを機に経済、スポーツ、文化面で国際社会への"復帰"を果たした頃に起こった。日本企業にとっては、国際ビジネスへの対応を求められる事件となった。

■1．「東京ヒルトン事件」の概要

世界各地でホテルをチェーン展開していたヒルトンホテル・グループは、第一次ホテルブームに沸く東京で、ヒルトンホテルの開業に向け準備を進めた。東京進出をもくろむアメリカ企業が日本企業を現地パートナーに選ぶ形で、1958年12月、デラウェア州法人であるヒルトンホテルズ・インターナショナル・インコーポレイテッド（HHI）が、東京急行電鉄株式会社（以下、「東急」と略す）との間で、東京ヒルトンホテルの業務委託契約（management contract）を締結した。

契約は、準拠法を日本法とし、ホテルへの融資、その建設・設備については東急側が負担し、さらにあらゆるホテル業務について東急が責任を負うが、実際の業務の遂行はHHIに委託するなどを主な内容としていた。

1963年、オリンピックの直前に、東急の100％出資で設立された東京ヒルトンホテルの営業が開始された。ところが、その翌年、HHIはその名称を

ヒルトン・インターナショナル・カンパニーと変更し、1967年には、全株所有の子会社で同じ名称のヒルトン・インターナショナル・カンパニー（HIC）を設立、これに東急側の同意を得ることなく業務委託契約上の地位を譲渡したのち、航空会社TWA（当時のTrans World Airlines Incorporated）の資本傘下に入った。TWAは、東急と関係の深い日本航空と競争関係にあるため、問題が生じた。東急側は、契約上の地位の譲渡は、譲渡制限を定めた以下のような契約条項（業務委託契約第26条）および契約の誠実履行義務を規定した条項（同33条）に違反するとして契約の解除を主張した。

(a) The parties shall respectively have the right to assign this Agreement and the interest derived therefrom to any subsidiary, fully owned and fully managed by the party or by its affiliated companies, without any consent of the other party, provided, however, that the name of "Hilton" shall be a part of the assignee's firm name, in case of assignment to HHI's affiliate.

(b) Except as provided in (a) of this Article, the parties shall not assign or transfer the interest derived therefrom, without the prior written consent of the other party. It is understood and agreed that any consent by the other party to any such assignment shall not be deemed a waiver of the covenant herein contained against assignment in any subsequent case.

（訳文）
(a) 当事者は、それぞれ本契約およびそこから派生する権利を、当事者もしくはその関連会社によって完全に所有され完全に経営されているところの子会社に対し、他方当事者の同意なくして譲渡する権利をもつものとする。ただし、「ヒルトン」の名称は、HHIの関連会社への譲渡の場合は、譲受人の会社名の一部になっていなくてはならない。

> (b) 本条(a)項に規定された場合を除き、当事者は、他方当事者の書面による事前の同意なくして、本契約から派生する権利を譲渡してはならない。そうした譲渡に対する他方当事者の同意は、その後の場面における譲渡に対し、本契約に含まれた契約事項の放棄と解釈されてはならないことが了解され合意されている。

　紛争は、本譲渡条項（assignment clause）の解釈を争う形で裁判所に持ち込まれた。すなわち、まず東急が、契約解除に続いてHHIから来ていたホテルの総支配人を解雇し、東京地方裁判所に同支配人のホテル立入りを禁止する仮処分命令を申し立てた。これに対しHHIは、同地裁に業務妨害禁止の仮処分命令を申し立てた。通常、「東京ヒルトン事件」といえば、これら2件の仮処分命令申立事件をさすが、東京地方裁判所はHHI側の主張を正当と認め、HHIの合併によって当事者の同一性は失われず実質的にも本件業務委託契約違反はないとして、HIC側の業務受託者としての仮の地位を認める判断を下した。その後、HHI側は、この地位の永続を求める本訴を起こし、本件提起から16年後の1983年11月、ようやく和解に達して決着がついた。

■2．「東京ヒルトン事件」に見る 日本企業の英文・国際契約検討課題

　本件英文業務委託契約が締結されたのは、日本企業がまだ国際契約としての英文契約の検討に慣れているとは言い難い1950年代終わり頃である。実際にどのような検討がなされたかを知ることはできないが、おそらくは、ヒルトン側が提示した契約原案（ドラフト）について東急側がコメントするような交渉が行われたものと思われる。

　国際契約としての英文契約案を検討する際に重要なことは、契約は企業が達成しようとする事業目的のための手段であるとの認識である。この認識が不十分だと、法的には内容がしっかりしているように見えても、事業遂行上

かえって妨げになる契約書を取り交わすことになりかねない。本契約締結前後の事業を取り巻く環境認識も欠かせない。

ホテル経営と航空会社の事業とは、提携関係を含め密接な関係にある。航空会社が直営のホテルを持つこともよくある。当時、ヒルトングループは、ローマ・ヒルトンホテルの経営などを通じてTWAとの提携関係を模索しており、東急との提携前からHHIにはTWAから役員が派遣されていたと言われている。一方、東急は日本航空との提携強化をもくろんでいたとされており、契約ドラフトの検討は、こうした「業界事情」までよく頭に入れてからでないと十分に行えないはずであった。

検討ポイントを絞るならば、問題になった前記「譲渡条項」の内容が経営戦略遂行上どのような意味をもつかの見極めである。仮に本条項がほぼこのままの内容で提案されていたとして、事業目的・経営戦略遂行上の観点を加味するとどのように考えるべきであったろうか。

まず気づかなくてはならないのが、本条項の内容が標準的な譲渡条項のそれとはかなり異なる点である。譲渡条項は、どのような類型の契約にも一般的に見られる条項であって、パターン化した内容をもっている。最も標準的かつ単純なのは「契約の相手方当事者による事前の書面による承諾がない限り、契約上の地位の全部または一部を第三者に譲渡することはできない」とするものである。

これと同趣旨の条項は、本条項(b)に含まれているが、その原則に対する例外が(a)として前面に出ている点が重要である。というのは、いずれの当事者も、当事者や関係会社が完全に所有しかつ経営している子会社には、相手方の同意なく契約を譲渡できると書いてあるからである。

本契約の当初の当事者HHI（のちにHICに商号変更。図表1 ①）は、この例外を生かす形で、東急側の同意を得ることなく完全子会社新HICに本契約上の地位を譲渡し、当事者関係から外れたのちTWAの資本傘下に入った。

図表1　当事者関係

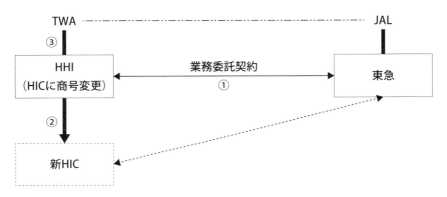

譲渡行為は(a)項によって有効とみられ、契約関係がなくなってからTWAの傘下に入ろうと別段問題はなさそうであるが、実質的にみれば、HHI、HICともにTWAグループに組み入れられたので、譲渡条項の趣旨には反することになる。

　HHIがその後に行うTWAとの経営統合を視野に入れて意図的に例外を前面に出した本条項を提案したとしても、それだけで東急側を欺いたことにはならないであろう。むしろ、経営戦略や背景事情を考慮しつつ、譲渡条項が標準的な内容になっていないことについて東急側が警戒をし質問を繰り出すなどをすべきであった。

　当時ヒルトンは、アメリカ以外の国でのホテル事業の売却を望んでおり、HHIの商号をヒルトン・インターナショナル・カンパニー（HIC）に変更し売却先候補のTWAと交渉をしていた。交渉を有利に進めるために、HICは同じ商号をもった100％子会社ヒルトン・インターナショナル・カンパニー（新HIC）を設立し、これにHICのもっていた契約上の権利義務の一切を譲渡した（図表1②）。その結果、新HICが東急との業務委託契約上の地位を譲り受け、HICと同じ経営者が同じ経営方針のもとで新HICの経営にあたることになった。その後、TWAにHIC（旧HHI）の全株式が譲渡され、さらに合併

が行われた（図表1③）。HICの商号が同一なのでまぎらわしいが、当事者関係を図示すれば図表1のようになる。

　形式的には、譲渡条項の例外規定(a)項によって新HICへの契約上の地位の「丸投げ」も許されているので、東急側は仮処分命令申立事件の審尋においては、ヒルトン側の行為が契約の精神に反し、あるいは信義誠実の原則に違反するとの主張を主に行った。

　2件の仮処分命令申立事件の決定は、ヒルトン側の申立を全面的に認め、東急側の申立をすべて却下するもので、要約すれば次のような内容であった。

1．東急は、支配人を解雇した理由として数々の不信行為があったと主張するがいずれも疎明がない。
2．HHIが1964年に東急の同意を得ずに株主構成を変更し商号をHICと変更したことが、契約に違反する背信行為であるとはいえない。
3．HICが、1967年2月23日、東急の同意なしにTWAの支配の及ぶ新会社を設立し、同社に自己の有する一切の権利および権益を譲渡すると同時に、HIC自身はTWAと合併する旨の契約をしたが、本合併はヒルトンの世界的組織の利点を従来と変わりなく活用し享受しようとの意図に出たもので、さらにこの意図を実現するためHICの全額出資による子会社を設立し、実質的には同一の経営者によって同一の運営方針に従って会社が運営されると認められ、業務委託契約の譲渡条項によって保証されHICを介し享受されてきたヒルトン組織による東急の利益も引き続き維持されることになるので、こうしたHICの行為をもって譲渡条項違反として業務委託契約を解除できるとは解されない。

■3．教訓を生かすには

　譲渡条項は、一般条項であるから、当たり前のことを当たり前に書く限り、それほど問題は生じない。課題は、標準的でない内容で提示されたときにそれに気づくかどうかである。気づくためには標準的な条項内容を、趣旨とともにしっかり頭に入れておかなくてはならず、事業戦略面での位置づけを確立しておかなくてはならない。

　本事件は、日本企業が国際契約・英文契約の扱いにまだ慣れていない時期に、契約実務面での「国際化」に冷や水を浴びせた。同時に、この事件は、アメリカの企業にも大きな衝撃を与えた。衝撃の最大の理由は日米企業間に横たわる契約意識ギャップであった。

　東急によるホテルの差押がなされた直後である1967年4月23日付ワシントンポスト紙の「東京ヒルトンの差押はアメリカ企業に警告する（Seizure of Tokyo Hilton Alarms U.S. Companies）」と題するリチャード・ハロラン記者の記事が事情をよく伝えている。

　同記事は、日本における米国商工会議所会頭であるカール・ボーリンガー氏が記者会見で述べた「われわれは非常にショックを受けている。日本人は契約の神聖さに対してアメリカ人がもっているのとは異なる姿勢をもっていると聞いてきた。しかし、私が日本にいる全ての年月を通じ、これほど紛れもない契約違反は聞いたことがない」との発言を冒頭で紹介している。

　続けて記事は、ヒルトンホテルを東急グループのトップである五島昇氏が1967年4月22日に差し押え、業務委託契約が無効であること、およびホテルの名前をホテルジャパン東急に変えたことを宣言したとする。

　記事は、本事件には1859年にタウンゼント・ハリスが日米修好通商条約を締結して以来の根本問題があるとした上で、次のように続ける。

　日本における企業倫理において契約は、当事者が共に継続させることを望む限りにおいてのみ明文規定にかかわらず有効となる。契約締結時の条件が

変わったとき日本人は、再交渉するかあるいは無造作に契約を取り消すのがよいと感じる。さらに、日本において契約は、一般に当事者が共にある種の執行権限をもつ限りにおいてのみ守られ、一方、当事者が権限をもたないのであれば、日本では相手側において好きなように行うことが公明正大であると考えられている。日本の法令がこの慣行を補強しており、裁判は悪い評判どおり遅く、裁判手続は厄介なもので、企業経営者は訴訟は最後の手段と考えている。

また、日本の裁判所は本案判決を下すよりも裁判外での和解（compromise）を求める傾向があり、裁判は何年もだらだらと続く。この裁判について言えば日本人と日本在住の外国人は共に、五島氏に味方する日本ナショナリズムが顕わになっており、ヒルトン側にほとんど勝ち目はないと考えていた。

ボーリンガー氏の後任のバーリッヂ氏は、東急側がヒルトンとの契約を解除したことは、「ホテル業界の市場参入における相互主義に反する」と述べた。（当時）数社の日本企業がハワイを中心にアメリカの大ホテルに投資をしていたが、日本ではヒルトンが唯一のアメリカのホテルであった。

ワシントン・ポスト紙の記事が半世紀近く前に書かれたものであることを割り引いても、日本人の契約観や裁判についてかなり偏った見方をしていると言わざるを得ない。裁判が和解による最終決着まで約16年かかった点は、記事の「予想」のとおりであるが、仮処分に関する限り、保全事件として当然ではあるが、裁判所の対応は迅速であり、しかも決定は「予想」に反しヒルトン側の全面的勝利といってよい内容であった（「国際商事法務」1983年12月号「IBL情報」参照）。

より実務的な視点で、国際契約としての英文契約のタイプにかかわらず一般的に登場する譲渡条項を検討する上で、この事件から学ぶべき教訓を現代の企業社会にあてはめて考えてみよう。

半世紀前といまの日本の企業社会を比較した場合の最大の違いは、「グロー

バル化」である。譲渡条項の関係で言えば、クロスボーダーのM&Aは「日常茶飯事」的に行われるようになったことに加え、日本においてもいわゆる敵対的企業買収がめずらしくなくなった。契約の相手方A社がいつの間にかB社に買収されていたといった事態も起こり得る。

問題は、そうした事態まで想定して譲渡条項や解除条項を作成するかどうかである。禁止する「譲渡（assign or transfer）」に定義を設け、「合併（merger）、事業譲渡（sale of asset）、あるいは会社分割（corporate split）によって契約上の権利、義務の全部または一部が移転する場合を含む」と書くことで、「穴」を塞ぐことができる。

ただ、「東京ヒルトン事件」のように支配株主が変わる事態にまで対応するには、「支配の変更（change of control）」を「譲渡」とみなす規定を入れ、さらに〇〇％以上を保有する大株主が交替する場合には、支配権の変更とみなすといった条項を入れておくべきであろう。

change of control が契約の解除事由（event of termination）の1つになるように規定しておけば、買収防衛策としても使える。というのも、支配権の変更、移転が生じたからとして主要な取引先がこぞって継続的契約の解除をするならば、その会社は買収する価値のない、いわば「もぬけの殻」同然になりかねないからである。

■おわりに

テーマ1で取り上げた本事件に関連して米国側は、日本人・企業の契約観にそもそもの問題があると断じた。日本人・企業の契約は指摘されたほど特殊か、そうだとしても現在まで変わらないままなのかについては意見が分かれるところであろう。

筆者の実務経験に照らす限り、グローバルには日本人・企業の契約観が"少数派"に属することは確かである。契約を本音よりは建前、中身よりは形をより重視して扱う点などにおいてである。

テーマ2 ココム規制違反事件

■はじめに

　日本企業が国際政治の渦に巻き込まれることがある。2012年9月中旬、尖閣諸島（沖縄県石垣市）を日本政府が国有化したことに反発し、中国各地で大規模な反日デモが行われ、日系企業では操業を停止する工場などが相次いだ。尖閣諸島の領有問題に関しては、2010年に中国がレアアースの対日輸出規制を行ったことがあり、多くの日本企業のサプライチェーンに影響を及ぼした。

　ここで取り上げる「東芝ココム事件」は、東西冷戦時代における米ソの対立構造に日本企業がまともに巻き込まれた事例といってよい。

■1．「東芝ココム事件」の内容

　1987年4月30日、株式会社東芝の子会社の東芝機械株式会社が、いわゆるココム規制をかいくぐり無許可で工作機械を旧ソビエト連邦(以下、「ソ連」と略す）に輸出したことにより、「外国為替管理法」（1997年改正時に「外国為替及び外国貿易法（外為法）」と改称）違反で警視庁の捜査を受けた。

　外為法違反事件としての直接の容疑は、船舶推進用プロペラ表面加工機を作動させるコンピューター・プログラムを、当時の通商産業大臣の許可なくソ連に輸出したというものであった。しかし、事件は1987年3月、米国防

総省が東芝機械によるソ連向け工作機械の輸出をココム違反と指摘したことから始まった。その背景にあったのは、当時、米ソ間で繰り広げられていた潜水艦に関する「水面下の闘い」である。

　いまはないココム（COCOM）は、Coordinating Committee for Export Control to Communist Area（対共産圏輸出統制委員会）の略で、1952年に設置され、本部はパリに置かれていた。事件が起こった当時は、アイスランドを除くNATO加盟諸国と日本とで組織され、主たる任務は、対共産圏貿易に関する資料の収集、禁輸リストの作成およびそれに基づく各国政府への勧告であった。

　ココムでの協定は、いわば紳士協定的なもので、その実施はそれぞれの国に委ねられていた。日本では、これを実施するために、一定品目の戦略物資の輸出について、外為法および輸出貿易管理令に基づく輸出承認制を敷いていた。すなわち、統制品を輸出しようとする者はこれら法令のもとで通商産業大臣の承認を得なければならなかった。

　東芝機械事件は、国内法的に見れば単なる外為法違反事件の１つというにすぎないが、その背景には、米ソの軍事競争や西側の安全保障といった国際政治上の大きな問題が控えていた。そのため、この事件の余波は、東芝グループ全体の問題としてまともに東芝機械の親会社である東芝に及んだ。

　ソ連へ先端技術を流出させたことへの制裁として、東芝製品のアメリカへの輸入を禁止する法案が連邦議会に提出された。議会では、子会社の経営と行動について親会社が責任を負うのは当然とする考え方が支配的で、激しい「東芝制裁旋風」が吹き荒れ、1987年７月21日、上院において大差で可決された「1987年包括通商・競争力法案」中にも、東芝製品の輸入を２～５年間禁止するとの制裁条項が盛り込まれた。

　東芝機械の親会社である東芝では、こうしたアメリカでの事態を重くみて、1987年７月初め、会長と社長が引責辞職した。一方で、アメリカ国内での企業イメージを回復するため、米議会へのロビー活動等に積極的に取り組む

ことを明らかにした。つまり、この降って湧いたようなリスクを回避し克服するために、広報活動に活路を見出すことにしたのである。

　東芝の行った危機管理法務は、具体的には、次のような内容のものであった。
　第一に、"Compliance Program"「法令等遵守計画」と呼ばれる一種のマニュアルを作ることにした。事件再発防止を目的に、ココム規制や国内法規に違反しないよう子会社に慎重な行動を徹底させるためである。企業グループとしての力を評価するアメリカではこの種のマニュアルや、グループ単位で「グループ行動憲章」がよく作られる。東芝としては、アメリカ企業にならってこれを厳密に作成することによって、法規制の違反を防ぐチェック機能をもたせるとともに、事件再発防止をめざす意思のあかしとして、信頼を回復するためのきっかけとしたい考えとみられた。

　第二に、東芝は、アメリカの週刊誌USニューズ・アンド・ワールド・リポート誌（1987年7月17日号）や、ニューヨーク・タイムズ、ワシントン・ポストなどの主要紙に意見広告を掲載した。
　この広告は雑誌の場合、1頁広告となっており、当時の青井社長名で「東芝は、アメリカ国民に対し、最大の遺憾の意を表明します」(Toshiba Corporation Extends its Deepest Regrets to the American People.)とのタイトルで出された。東芝機械のソ連向け工作機械輸出が、アメリカ、日本、さらには自由世界の安全保障に深刻な打撃を与えたことについて懸念を表明し、親会社としてグループを代表して陳謝した。
　さらに、再発防止のため努力することをうたい、――①東芝機械のソ連向け輸出は無期限に中止する、②ココム規制の遵守を徹底するため、コンプライアンス・プログラムを作成する、③監査法人が東芝機械の特別考査をしており、その結果不正輸出に関与した社員が判明すれば全員解雇する――などの対策を示した。

東芝が、この意見広告を出すにあたってはアメリカの弁護士を動員して、アメリカ国民の感情に配慮した文面作りをし、東芝の「巻き返し」と受け取られないように配慮したという。

■2．「東芝ココム事件」の教訓

本事件においては、子会社における国内法違反事件が、親会社グループ全体を巻き込み、アメリカでの危機管理対応を求めるところまで拡大した点が重要である。

日本では、1977（昭和52）年4月から当時の証券取引法を改正して連結財務諸表の作成を上場企業などに義務づけた。企業グループの真の財政状態および経営成績を明らかにする目的で作成される。同書類の作成、開示を義務づけることによって、グループ会社間の「飛ばし」など決算の操作はしにくくなる。2011年、明るみに出たオリンパスの不祥事では、海外のファンドに向けた損失の「飛ばし」が長年にわたって隠され続けた。

いまでは日本でも連結情報の開示がいわば当たり前になったが、もともとアメリカ、ドイツ、イギリスなどで行われてきた会計慣行が発達し制度として定着したものである。

一方、海外子会社などへの「飛ばし」に対処するため、連結の範囲を在外子会社にまで広げる必要が生じた。そこで、1998（平成10）年、連結財務諸表規則を改正し、実質支配基準によって在外子会社を連結子会社に含むことにした。

これに合わせるように会社法が制定された際の2004（平成16）年、同法のもとでの「子会社」の定義も会社支配を基準とする実質概念に変えられた。その結果、会社法令が企業に求めるグループ内部統制は、グローバルに在外子会社を対象としたものになる。グループ内部統制は、子会社も対象にしたところのコンプライアンス体制、不祥事防止体制でもあるから、日本の親会

社は内外における子会社において法令違反などの不祥事が起こらないよう目を光らせていなくてはならない。

　2012年9月7日、法制審議会が、会社法改正に向けた「要綱」を決定し法務大臣に提出した。法務省ではこれをもとに改正法案を作り、臨時国会にも提出の予定とされたが、法案が国会に提出されたのは、2014年の通常国会においてであって、同年6月20日成立した。施行は、2015年5月からと見込まれる。

　改正法には、子会社に対する親会社の監督義務を強化する内容が盛り込まれた。すなわち、現行法令では、会社法施行規則中に親会社取締役会の決議項目として「当該株式会社の親会社及びその子会社から成る企業集団における業務の適正を確保するための体制」を含んでいたが、これを会社法の規定にいわば格上げすることにした。

　同審議会・会社法制部会が2011年12月7日付で公表した「中間試案」には、多重代表訴訟制度を導入しない場合の代案として、親会社の取締役会が子会社取締役の職務執行を監督する旨の明文規定を設けることが掲げられていたが、「改正法」は親会社の株主が子会社役員を直接代表訴訟で訴えることを許す多重代表訴訟制度の導入で落ち着いた。

　このように子会社による不祥事、法令違反について親会社が責任を負う考え方はいまでこそ日本法にも定着したといえるが、「東芝ココム事件」では、日本を代表する企業がいまから約30年前の時点でアメリカから厳しく教えられた結果になった。日本では、外為法（外国為替及び外国貿易法）違反で東芝機械および担当の従業員に対する刑事裁判が行われ、東京地方裁判所は、1988（昭和63）年3月22日付判決（会社に対しては罰金200万円、担当社員に対し執行猶予付懲役刑の有罪確定判決）において以下のように述べた（「国際商事法務」1989年1月号75頁「渉外判例教室」参照）。

本来、私企業が自由で積極的な貿易活動を通じて利潤を追求することそれ自体は何ら非難を受けるものではない。むしろ、こうした経済活動が我が国の発展に寄与した功績は見逃せないが、利益優先の余り国際社会でのルール、モラルを無視するような企業活動は厳に慎まなければならない。被告人らはココム規制や外為法令等が不明確であるとか、我が国に比し西欧諸国のココム規制に対する解釈、運用が緩やかである旨供述するが、そうであるならば個々の商談の過程で法網をくぐる道を探るようなことを企業戦略とするのではなく、発言力のある大企業の被告会社としては、業界全体のためにも、平素からもっと強く我が国政府に対し、外為法令の明確化を促し、ココム規制の緩和、簡素化について外交の場で主体的主張をするよう要望するなどの堂々とした行動に出るべきであった。目先の利益に惑わされて危ない小径を走るのではなく、遠回りでも正道を歩んでこそ真に一流企業と言われるに値しよう。

■3．ココム体制後の「不正輸出事件」

　2007年2月、軍事転用可能な小型無人ヘリコプターを中国に不正輸出しようとしたとしてヤマハ発動機株式会社の幹部ら3人が警察に逮捕された。容疑は外為法違反（無許可輸出未遂）であった。外為法のもとでの輸出貿易管理令や省令は、農薬などの薬剤を20リットル以上運搬が可能なことに加え、自律的に飛行でき、あるいは視認できる範囲を超えて飛行制御できる小型ヘリなどの輸出を規制している。

　東芝機械事件の後、1989年にはベルリンの壁が崩壊し、「東西冷戦」時代が幕を降ろすとともに、ココム体制は終結した。ただ、ココムに代わって登場したのが、ワッセナー・アレンジメント（通常兵器および関連汎用品・技術の供給能力を有し、不拡散のために努力する国々による、法的拘束力のな

い申し合わせ）であり、大量破壊兵器やミサイルの開発に使われるおそれのある物資・技術提供の規制を国際的に遵守させるためのキャッチオール規制である。

キャッチオール規制は、経済産業省が定める輸出貿易管理令において国内法制化されている。すなわち、外為法48条1項は、戦略物資の輸出を規制して「国際的な平和及び安全の維持を妨げることとなると認められるものとして政令で定める特定の地域を仕向地とする特定の種類の貨物の輸出をしようとする者は、政令で定めるところにより、経済産業大臣の許可を受けなければならない」と規定している。

これを受けて輸出貿易管理令のもとで経済産業省が、軍事転用が可能な特定の性能をもつ製品の輸出を禁じる「リスト規制」および用途や受取先で輸出の可否を判断する「キャッチオール規制」の2段階の規制をしている。

catch allは、文字どおりにはすべてをとり込むとの意味であり、リスト規制の対象外であっても、食糧・衣料品などを除くすべての貨物・技術について、輸出業者に最終用途や最終需要の確認を求め、大量破壊兵器への転用のおそれがある場合は経済産業大臣への輸出許可申請を義務づける制度となっている。

キャッチオール規制違反事例はこれまで何件も報じられているが、2009年2月には大量破壊兵器の開発に転用可能な磁気測定装置を許可なく輸出しようとしたとして、東京都の商社が外為法違反（無許可輸出未遂）容疑で神奈川県警から摘発された。同装置は、キャッチオール規制の対象物であるが、経済産業省はこの商社が装置を輸出しようとした際許可申請を求めるよう通知を出したにもかかわらず従わなかったという。

東西冷戦時代のココム体制下で起こした危機的状況を切り抜けるため、東芝はグループをあげた対応を試みた。当時、日本企業としてはめずらしいアメリカにおける広報活動や、ほとんどコンプライアンスの言葉すら知られていなかった時代におけるコンプライアンス体制構築による再発防止である。

コンプライアンス体制の構築は、不正輸出の防止面だけを取り上げても、ココム体制当時よりも厳しく要求されるようになっている。すなわち、コンプライアンス体制による法令違反防止は、その後日本においても法令が要求するようになった、内部統制システムの主柱をなすからである。とりわけ、キャッチオール規制に関しては、専任のコンプライアンス・オフィサーを置くなどして申請義務を見逃すことのないようにする必要がある。

■4.「東西冷戦」から「テロとの闘い」へ

東西冷戦時代は終わったが、代わって登場したのが「テロとの闘い」である。直接の契機となったのは、2011年9月11日に発生した米国同時多発テロ事件（以下、「9.11」テロと略す）である。だが、その前から国際社会は、犯罪による収益の出所や帰属を隠そうとするマネー・ローンダリング（資金洗浄）を防止し摘発するための制度や仕組み作りに取り組んできた。

1988年12月、麻薬及び向精神薬の不正取引の防止に関する国際連合条約が採択され、1989年7月のアルシュ・サミットで先進主要国を中心とするFATF（Financial Action Task Force；金融活動作業部会）の設置が決められたことが、国際社会によるこの問題への取組みを象徴している。

1990年代になると、組織犯罪の国際的な広がりが国の安全を脅かす存在として認識されるようになり、1995年6月のハリファクス・サミットでは、薬物取引だけではなく重大犯罪から得られた収益の隠匿を効果的に防止するための対策が必要とされた。また、1996年6月、FATFが、マネー・ローンダリング対策の基準として1990年4月に提言した「40の勧告」を改訂し、前提犯罪を重大犯罪に拡大すべきこととした。1998年5月のバーミンガム・サミットでは、マネー・ローンダリング情報を専門に収集・分析・提供する資金情報機関（FIU）の設置を参加国間で合意した。

「9.11」テロ後の2011年10月、FATFは臨時会合を開き、各国が採用すべき政策項目としてテロ資金供与の犯罪化やテロリストに関わる資産の凍結措

置などを含む「8の特別勧告」を策定した。2004年、国境を越える資金の物理的移転を防止するための措置に関する項目を追加し「9の特別勧告」となった。

　こうした国際社会の動きに合わせ、日本で国内法制の整備が行われた。「9.11」テロ後の動きに絞っても、まず、「テロリズムに対する資金供与の防止に関する国際条約」を批准し担保するため、「公衆等脅迫目的の犯罪行為のための資金の提供等の処罰に関する法律（テロ資金提供処罰法）」を制定した（2002年7月施行）。同時に、組織的犯罪処罰法の一部を改正し、テロ資金供与罪を前提犯罪に追加するとともに、テロ資金そのものを犯罪収益として捉えられるようになったため、金融機関などはテロ資金の疑いがある財産に係る取引についても疑わしい取引の届出を行うこととした。
　次に、同国際条約を実施し、合わせてFATF勧告における本人確認の措置を法制化するため、「金融機関等による顧客等の本人確認等に関する法律」を制定した（2003年1月施行）。なお、他人名義や架空名義の預貯金口座等が振り込め詐欺等の犯罪に悪用されることが多いことから、2004年12月に同法を改正し、預貯金通帳等の売買やその勧誘・誘引行為等を処罰することとなり、「金融機関等による顧客等の本人確認等及び預金口座等の不正な利用の防止に関する法律」に改称した。
　一方、2003年、FATFが「40の勧告」を再改訂し、本人確認等の措置を講ずべき事業者の範囲を金融機関以外に拡大したことなどを踏まえ、2004年12月、内閣官房長官を本部長とする国際組織犯罪等・国際テロ対策推進本部が、同勧告の実施を盛り込む「テロの未然防止に関する行動計画」を決定した。2005年11月には、国際組織犯罪等・国際テロ対策推進本部において警察庁が同勧告を実施するための法律案を作成することおよびFIUの金融庁から国家公安委員会への移管が決定された。
　こうして作られた法律案は、2007年3月、「犯罪による収益の移転防止に関する法律（犯罪収益移転防止法）」として成立した。同法は2007年4月、

FIUの移管等を内容とする部分が施行になり、本人確認等の措置を講ずべきとされる事業者の範囲の拡大など同法の残余部分については、2008年3月から施行になった。

その後も、社会情勢の変化に適切に対応するため、犯罪収益移転防止法およびその下位法令の改正は随時行われている。

■おわりに

日本企業が、この種の法律分野でコンプライアンス体制を築くにあたっては、日本の国内法令のみを念頭に置くのでは足りない。国内法令の背後には、グローバルな法的ルールが控えているからである。同ルールが各国に十分浸透していたとは言えなかったココム体制下で日本企業は、米国輸出管理（Export Control）法令の域外適用まで心配する必要があった。

例えば、先端技術ノウハウの実施許諾（ライセンス）を米企業から受ける英文契約中には、そのノウハウを使って製造した物を「東側」諸国などに向けて輸出しない旨約束する条項の挿入を求められたりした。同法がライセンシーである日本企業だけでなく、ライセンサーである米企業も罰することを恐れたからである。

テーマ3 航空機事故と国際裁判管轄

■はじめに

　航空機の事故は、人的、物的に大きな被害をもたらし得る。また、その被害の回復を求めて裁判が起こされることはよくある。この種の裁判はいわゆる国際訴訟として、被害者あるいはその遺族の複数の本国で並行的にいくつも訴訟が起こることもまれではない。

　被害者あるいはその遺族が本国において外国の航空会社を訴える場合においては、ほぼ例外なく国際裁判管轄が問題になる。原告の住所地あるいは本国の裁判所に管轄が生じるのは、被告の住所地あるいは本拠地に生じる原則裁判管轄権に対する例外にあたるからである。

　2012年4月1日から、国際裁判管轄に関する規定の整備に向けた民事訴訟法改正が施行になった。同改正法が成立する以前、長い間、この問題についてリーディングケースとされてきたのが、以下に紹介するマレーシア航空事件最高裁判決（昭和56年10月16日、民集35巻7号1224頁）である。

■1．「マレーシア航空事件」の概要

　1977年12月4日、マレーシアのペナンからクアラ・ルンプールに向け飛行中であったマレーシア航空の旅客機が同国ジョホールバル州タンジュクバンに墜落した。この航空機に搭乗していて死亡した日本人の遺族（妻と子2

人）が、航空機墜落による同航空会社の航空運送契約上の債務不履行に基づき4,045万円余りの損害賠償を求めて訴えを起こした。

　第1審の名古屋地方裁判所は、日本の裁判所の裁判管轄権を否定したが、第2審の名古屋高等裁判所は逆に管轄権を肯定する判断を下した。そこで、マレーシア航空から上告がなされ、最高裁判所第二小法廷は、以下のように述べて日本の裁判管轄権を肯定した。

　本来国の裁判権はその主権の一作用としてされるものであり、裁判権の及ぶ範囲は原則として主権の及ぶ範囲と同一であるから、被告が外国に本店を有する外国法人である場合はその法人が進んで服する場合のほか日本の裁判権は及ばないのが原則である。［しかしながら］被告がわが国となんらかの法的関連を有する事件については、……………わが国の裁判権に服させるのを相当とする場合のあることも否定し難い。……………この例外的扱いの範囲については、この点に関する国際裁判管轄を直接規定する法規もなく、また、よるべき条約も一般に承認された明確な国際法上の原則もいまだ確立していない現状のもとにおいては、当事者間の公平、裁判の適正・迅速を期するという理念により条理にしたがって決定するのが相当であり、わが民訴法の国内の土地管轄に関する規定、たとえば、……………その他民訴法の規定する裁判籍のいずれかがわが国内にあるときは、これらに関する訴訟事件につき、被告をわが国の裁判権に服させるのが右条理に適うものというべきである。……………上告人は、マレーシア連邦会社法に準拠して設立され、同連邦国内に本店を有する会社であるが、○○を日本における代表者と定め、東京都港区△△に営業所を有するというのであるから、たとえ上告人が外国に本店を有する外国法人であっても、上告人をわが国の裁判権に服させるのが相当である。

　判決要旨の最初に述べられているように、日本に限らずほとんどの国における裁判権は、本来、外国に居住する外国人や外国に本店を有する外国法人

に対して行使することを原則としていない。そのため、民事裁判の手続を定める民事訴訟法にしても国際訴訟を想定した規定は置いていないのが普通である。裁判管轄に関する規定においても同様のことがいえる。

日本でも、国際裁判管轄についての明確な法的ルールを欠いたまま長い間やってきたが、それではいまのグローバル時代にそぐわないので、2011年5月公布（2012年4月施行）の国際裁判管轄に関する民事訴訟法改正がなされた。

規律する法的ルールがなくとも国際訴訟は次々と起こり、ほとんどその都度国際裁判管轄権の有無が争われる。そうした状況のもとで最高裁判所が判例として国際裁判管轄についての法的ルールを示したのが、本判決である。

当時、「国際管轄を直接規定する法規もなく、また、よるべき条約も」なかった状況下で、本判決は「条理」によって日本の裁判所が管轄権を有するかどうかを判断すべきものとした。「条理」は、「物事の筋道」を意味し、「孟子」万章編が出典とされる。昔、裁判事務心得（明治8太告103）3条には「民事ノ裁判ニ成文ノ法律ナキモノハ習慣ニ依リ習慣ナキモノハ条理ヲ推考シテ裁判スヘシ」とあったという（『法律学小辞典（第3版）』）。

本判決は、「条理」を一般論として持ち出しながら民事訴訟法の国内の土地管轄に関する規定、その他同法の規定する裁判籍のいずれかが日本国内にあるときは、被告を日本の裁判権に服させるのが「条理」に適うとしており、東京都内に営業所を有し、旧民事訴訟法4条の規定する裁判籍がある上告人マレーシア航空を日本の裁判権に服させるのが妥当であるとした。

本判決は、国際裁判管轄に関する判例となるのであるが、このように日本の土地管轄規定から推知するいわゆる逆推知説の立場に基本的に拠る限り、日本の裁判管轄が広くなりすぎるおそれがある。そこで、その後の裁判例は、本判決に従い民事訴訟法の規定する裁判籍が日本国内にあるときは原則として日本の裁判権に服させるのが相当としつつ、他方で「我が国で裁判を行う

ことが当事者間の公平、裁判の適正・迅速を期するという理念に反する特段の事情があると認められる場合には、我が国の国際裁判管轄を否定すべきである」（最判平成９年11月11日、民集51巻10号4055頁）として、「特段の事情」論を展開するようになっていった。

■2．航空機事故と国際二重訴訟──大韓航空機事故

　航空機事故はグローバルな被害をもたらし得る。そのため、複数の国で訴訟が提起され並行して係属することもまれではない。その場合には、いわゆる国際二重訴訟と国際裁判管轄という問題が起こってくる。1983年８月31日に旧ソビエト軍戦闘機によって撃墜された大韓航空機事故の場合がそうであった。

　事故で亡くなった日本人乗客の遺族が、事故は機長などの航路逸脱という故意または重過失によるものであったとして、大韓民国法人である大韓航空（KAL）を被告として、米国、カナダの裁判所において損害賠償請求訴訟を提起した。原告らは、これら外国での訴訟が却下された場合に備え、東京地方裁判所においても、同社を被告に、総額18億円余りの損害賠償請求訴訟を提起した。

　この訴訟において被告は、本案前の主張として訴えの却下を求めた。根拠は、国際航空運送についてのある規則の統一に関する条約（ワルソー条約）にあった。すなわち、同条約28条１項は、「責任に関する訴えは、原告の選択により、いずれか１つの締約国の領域において、運送人の住所地、運送人の主たる営業所の所在地もしくは運送人が契約を締結した営業所の所在地の裁判所または到達地の裁判所のいずれかに提起しなければならない」と規定している。その趣旨に照らすならば、規定された４カ所いずれにおいても重畳的に裁判を提起できることを認めたものではなく、原告はいずれか１つの裁判所を選択しなければならず、日本は裁判権を有しないとするのが主張内

容であった。

東京地方裁判所は、次のように述べて被告の本案前の主張を退けた（東京地判昭和62年6月23日中間判決、判例タイムズ639号253頁）。

> ワルソー条約28条1項は、同条約の適用ある国際運送に係る運送人の責任に関する訴えにつき、その裁判管轄を各国の国内法にのみ委ねていたのでは、非締約国の裁判管轄が認められることにより同条約が適用されない場合がありえないではなく、また、その内容によっては旅客等の利益を保護しえない事態が生ずることもありうることから、右訴えを提起できる裁判所を締約国の……の土地の裁判所に限定し、これにより、同条約の適用を確保するとともに、国際裁判管轄の有無についての疑義を解消した規定であるということができる。……国際的な二重訴訟の場合に、一国においてなされた判決が他国においてその効力について通用力を認められるか否かは、他国の外国判決の承認に関する規定に従うことになるのであるが、右規定は各国によりその内容が異なり、一国においてなされた判決が当然に他国においてその効力について通用力を認められるものではないから、国際的な二重訴訟の場合にはこれを禁止すべき制度的な前提を欠くものといわなければならない。……これをワルソー条約についてみるに、同条約の全締約国相互間において、各国の国内法上他の締約国で下された判決が承認、執行されることが保障されているわけではない。……したがって、仮に同条約が国際的二重訴訟を認めない立場をとるのであれば、……同条約28条1項により管轄の認められる裁判所によって終局判決がなされた場合、当該裁判所の属する国における運送人の資産が判決の執行に十分でないときに運送人の資産の存する締約国における当該判決の執行を保障する規定を置いたであろうと考えるのが合理的である。しかるに、同条約は、このような保障の規定を一切欠いていることからすれば、……同条約が国際的二重訴訟を禁じているものと解することはできない。

この事件においても日本国裁判所の国際裁判管轄が問題になったが、民事訴訟法の重複起訴を禁止する規定（現民事訴訟法では142条）の解釈問題としてであった。同条は、「裁判所に係属する事件については、当事者は、更に訴えを提起することができない。」と規定するが、ここにいう「裁判所」には、外国の裁判所も含めるべきかが問われたのである。

　最高裁判所の判例ではないが、下級審には、「本条［旧民事訴訟法231条］にいう『裁判所』は我が国の裁判所を意味するものであって外国の裁判所を含まない」とした裁判例がある（大阪地裁昭和48年10月9日中間判決、判時728号76頁。関西鉄工事件）。

　国際的二重訴訟は、関西鉄工事件がそうであるが、外国で損害賠償請求訴訟の被告とされた日本企業が、日本の裁判所において、債務不存在確認訴訟を提起する形で発生することがある。この場合につき、テーマ15（125頁以下）において改めて取り上げたい。

■3．改正法のもとでの実務

　2012年4月1日から施行になった国際裁判管轄に関する民事訴訟法改正の概要を、条文見出しと条文番号で示すと以下のとおりである。

1　普通裁判籍に相当する規定（3条の2）
2　特別裁判籍に相当する規定（3条の3）
3　消費者契約及び労働関係に関する訴え（3条の4）
4　管轄権の専属（3条の5）
5　併合請求等（3条の6・145条3項・146条3項）
6　管轄権に関する合意（3条の7）
7　応訴に関する管轄権（3条の8）
8　特別の事情による訴えの却下（3条の9）
9　管轄権が専属する場合の適用除外（3条の10）

| 10　職権証拠調べ（3条の11）
| 11　管轄権の標準時（3条の12）

　改正法は、想定されるほとんどの場面について、詳細に管轄規定を置いている。改正法のもとで、上述した2つの航空機事故に係る国際裁判管轄がどう判断されるか考えてみたい。

　マレーシア航空機事故に関しては、改正法が国内土地管轄の配分を参考としながら、国内とは異なる管轄原因として定めた、「日本において事業を行う者に対」する日本における業務に関係する訴え（3条の3第5号）の部分の適用が問題になるであろう。マレーシア航空の場合、日本国内に営業所を有していたので改正法のもとでもそれが管轄原因となる（3条の3第4号）。
　仮にこれがなかったとしても日本で旅客運送の宣伝、契約の勧誘などを行って事業を行い利益を上げているとみられれば、日本での業務に関する限り、日本の裁判権に服せしめるべきと判断がなされる。特に、マレーシア航空機事故の起こった1977年当時と比べると、インターネットを使った宣伝・広告、あるいはバーチャルな画面の上での契約締結などが盛んに行われるようになるなど、事業のやり方は大きく変わった。
　こうした管轄原因が存在し日本の裁判所に管轄がある場合でも、改正法は、特段の事情があるときは訴えを却下できる旨規定している。この点は、マレーシア航空事件の最高裁判決以来の判例が構築してきた「特段の事情」論を明文化したものといえるであろう。ただ、改正法は、判例の基準を、「事案の性質、応訴による被告の負担の程度、証拠の所在地その他の事情を考慮して、日本の裁判所が審理及び裁判をすることが当事者間の衡平を害し、又は適正かつ迅速な審理の実現を妨げることとなる特別な事情」としている点で、より具体的に示している。
　マレーシア航空事件の場合、改正法のいう「特別な事情」があるとまではいえず、改正法のもとでも日本の裁判所に管轄権を認める結論は変わらない

であろう。

　次に大韓航空事件で問題となった国際的二重訴訟について、改正法は規定を置かなかった。外国には訴訟競合の場合、自国に係属中の訴訟を却下または中止する旨の立法例があるようだが、こうした規定を欠く改正法のもとでの対応は従前どおりで変わらないであろう。

　ただ、裁判実務としては、「日本への新訴の提起が外国ですでに係属している訴訟と競合する場合には、『特別の事情』（3条の9）の一適用として、日本の訴えを却下することもありえようし、一旦競合した後の段階で、外国訴訟の判決が遠からず予想され、我が国においても承認される可能性が高いなどの事情が判明したときは、日本訴訟を事実上停止しておくなどの運用によって対処することが考えられる」とする学説がある（青山善充「新しい国際管轄法について」明治大学法科大学院論集第10号363、364頁、2012年3月）。

■おわりに

　2件の航空機事故の関連で、国際裁判管轄について判例法と新たな改正法を概観した。改正法は、契約上の債務に関する訴えや不法行為に関する訴えなど、訴えの類型ごとに日本の裁判所が国際裁判管轄権をもつ場合を規定している。企業は、改正法のもとで、どのような場合に日本の裁判所に国際裁判管轄が認められるかをある程度予測しながら実務を行えるようになった。

　特に、契約実務との関連で、改正法が国際裁判管轄の合意について、特別に条文（3条の7）を設け、国内事件と同じように当事者が合意によって裁判所を選択することを認めた点は、詳細は省くが、影響が大きい。

テーマ 4
レター・オブ・コンフォート

■はじめに

　本書では、テーマ1として「東京ヒルトン事件」を取り上げた。同事件は、国際契約・英文契約の「怖さ」と国際法務のノウハウを磨く必要性を日本企業に痛感させた。ここで取り上げる「東海銀行事件」は、英文契約のなかでもレターアグリーメント（書簡の形で取り交わされる合意書）の扱い方に慣れなければならないことを日本企業に思い知らせた。

　英文契約には、形式上2種類のものがある。契約書のタイトルがあって、前文が置かれ、第1条、第2条、……………のような条項が並んでいる標準タイプと、レターアグリーメントである。それぞれ扱う上でのポイントがあるが、日本企業は意外にレターアグリーメントで失敗するケースが多い。

　原因を探っていくと、日本にはレターすなわち書簡で契約を取り交わすプラクティス（習慣）がない点に行き着く。「拝啓」で始まり「敬具」で終わる書簡で契約を取り交わしたことがないところに、"Dear 〜,"で始まり"Sincerely,"で終わるレターがくると、契約文書として法的に検討することなく安易にサインをするなどして失敗することがよくある。

　レターアグリーメントのなかにも"〜 Agreement"とタイトルを明記するタイプもあり、これを契約文書でないとして扱うことはあまりないかもしれない。問題は、タイトルはなく、形式だけ見たら、取引先企業から来たビジネスレターと区別がつかないタイプのレターである。

この種のレターには、内容面の法的効力（legal effect）もしくは拘束力（binding effect）の見極めが難しいものが多く含まれている。しかもそうした法的効力や拘束力は、「有るか無いか（all or nothing）」ではなく、何となく有るあるいは、差止めを認めるまではいかないが損害賠償請求は認めてよいといった中間的な場合があるので、余計に扱いが難しい。

■ 1．「東海銀行事件」とレター・オブ・コンフォート

東海銀行事件は、いわゆる国際倒産事件との絡みで起こった。1981年3月、北海道有数の財界人といわれた岩沢靖氏が、株式投機に失敗し巨額の損失を出したことが原因で、その率いる企業グループの経営が行き詰まった。

岩沢氏は、投機資金を10を超える数の在日外銀から借り入れていたことから、事件は国際倒産的様相を帯びてくる。つまり、日本の債権者および、外国企業である債権者が入り乱れて必死の債権回収作戦を展開した。

ところで、岩沢氏が外銀からの借入れをする際、東海銀行札幌支店長が「融資紹介状」を出していたことから、別の事件に発展した。問題の紹介状は、外銀3行に対し、5、6通あったといわれるが、外銀側は、これが保証状であると主張、東海銀行に保証責任の履行を求めたのである。これに対し、東海銀行側は、「法的責任を伴わない単なる紹介状」であると反論した。

新聞報道等に見られる当事者の話を総合すると、東海銀行が外銀に対し岩沢氏の経営する企業に対する融資を仲介したときに、いくつかの外銀はメインバンクである東海銀行が保証するならばということで、保証書のサインを求めてきた。しかし、東海銀行は、保証までする気はなかったため、これを拒んだ。すると外銀側は、英文で書かれた「書簡」をもってきてさらにサインを求めたという。

この「書簡」は、金融実務ではレター・オブ・コンフォート（letter of comfort. 以下、「LOC」と略す）あるいはコンフォート・レター（comfort letter）と呼ばれる文書の1つである。LOCあるいはコンフォート・レターは、いずれも実務上用いる"あだ名"のようなもので、正式な用語として定義があるわけではない。そのため、キープウェル・レター（keepwell letter）、レター・オブ・サポート（letter of support）と呼ばれることもある。

　この場合は、親会社が子会社の財務内容を健全に保ち支援・サポートを惜しまないとの約束を内容とする。ちなみに、LOCのcomfortも「気休め、慰め」といった意味ではなく、「支援」の意味である。

　また、レター・オブ・アウェアネス（letter of awareness）と呼ぶこともある。レター中に"We are aware of 〜 "という表現をよく用い、主として親会社が子会社の借入債務や財務状態について十分認識していることを表現するためにこの名称がある。さらに、親会社が子会社に対する出資比率を示しつつ、その出資比率を維持する内容のものもある。

　内容としてこれが入っていないとLOCにはならないといった定型・必須文言があるわけではない。それだけに千差万別の内容で、それぞれにつき、どの程度の法的拘束力が生じるのかを判断しなければならず、この点が実務上最も難しい課題を提供する。

　LOCは、明確な法律関係を避ける目的で作られるため、わざとあいまいに作られている。問題は、どの程度あいまいかを判断し、見極めた上でこれを出したり受け取ったりできるかである。LOCを入れる者は「債務者に代わって直接自分が債務を履行します」とは明言しないにもかかわらず、内容次第でこの種のレターが保証状とほぼ同じ法的効力をもつことすらある。

　AB間の法律関係を①、BC間を②、CA間を③とし、AがBに対して債権をもっており、Bの債務に関連してCがLOCをAに対して差し入れたとしよう（図表2参照）。

　Cの差し入れるLOCでは、③についてはほとんど言及しない。すなわちCがBに代わってその債務を履行するといった内容は書かないのがLOCの常である。その代わり①と②について書くのだが、どの程度具体的に書くかによっ

て、③の関係につき一切書かれていなかったとしても、あたかも③の関係につき架橋したかのようになって、Cに保証責任が生じることがあり得る。

LOCは、簡略化された内容のものが多いので、準拠法条項や裁判管轄条項が入ることはほとんどない。そのため、あるLOCの内容で保証債務が生じるかどうかは、当事者の黙示の意思を探るなどして特定の法律のもとで論じなくてはならないだろう（法の適用に関する通則法7条参照）。

ただ、英米法、大陸法いずれのもとでも保証やギャランティの責任が生じるかどうかは、Cの入れたレターの文面から保証の意思、すなわちBに代わって債務を履行してもよいとするCの意思が認められるかの事実認定にかかる。すなわち、準拠法によってあまり結論を異にしないといってよい。

日本法のもとでこれを考えてみると、必ずしも「保証」や「連帯保証」の語を使っていなくても、これに類する語や全体の文脈のなかで、主債務者に代わって履行をしてもよいとする文言があれば、保証意思を認定し得る。

図表2　当事者関係

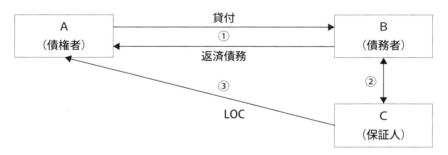

LOCは「保証状」の代わりに使われることもあり、この場合には、内容がかなり「あいまい」なものとなる。これが使われる場合としては、親会社が子会社への融資に関連して貸主である第三者に差し入れたり、さまざまであるが、財務上等の事情から、はっきり保証責任をうたったものを出しにくいときに使われることが多い。

そもそも「あいまいさ」が身上ともいえる文書であるため、その内容次第

で保証状になったり、単なる書簡にすぎなくなったりするわけである。
　そこで、実証的に本事件で実際に使われたLOCの内容を検討してみよう。レターの文面は以下のとおりであった。東海銀行が外銀のうちユナイテッド・カリフォルニア銀行宛に札幌支店長の署名をして出状したレターを朝日新聞（1981年4月9日）が写真版で掲載したので、その内容をここに転記しているのであるが、後に国際訴訟に発展するチェース・マンハッタン銀行宛に出したレターもほぼ同じではないかと推認される。

To: ABC Bank, Tokyo Branch

This letter is to acknowledge your loan to Sapporo Toyopet Co., Ltd. in the amount of ¥1,500,000,000.

We concur as one of main banks of the company with the terms and conditions of your loan and, therefore, grant our full approval and consent.

We confirm that we shall maintain a controlling position in the said company while the aforementioned loan is outstanding and will continue to ensure that the financial affairs of the company is conducted in a manner which will provide the prompt payment of its obligation.

We are aware of the specific financial obligation relating to your aforementioned loan. Through our active participation in the financial affairs in the company, we will make our best efforts to ensure the company's continued financial health and ability to meet their obligations relating to your loan. We will also ensure that the company will immediately furnish to your bank additional or substitute collateral acceptable to your bank in the amount deemed sufficient by your bank in the event of a decline in the value of the collateral securities pledged with your bank.

テーマ４　レター・オブ・コンフォート

（訳文）

> ABC銀行東京支店　御中
> 　このレターは、貴行の札幌トヨペット株式会社への15億円の金額のローンを承認するためのものである。
> 　当行は、同社のメインバンクの１つとして、貴行のローンの条件に同意し、そこで、当行の全面的承認と承諾を与える。
> 　当行は、上記ローンが未返済の間は同社における支配力ある立場を維持し、同社の財務がその債務の迅速なる支払を提供するような方法で行われるように継続して請け合うことを確認する。
> 　当行は、貴行の上記ローンに関連した特定の財務上の義務について承知している。その会社の財務への積極的な関与を通じて当行は、同社の継続的財務上の健全さと貴行のローンに関連したその債務を弁済する能力とを最善努力を尽くして請け合う。当行はまた、同社が貴行に担保として差し入れた証券の価値が下落した場合には、貴行によって十分と考えられる額で、貴行に受けいれられる追加または代わりの担保を、直ちに貴行に提供することを請け合う。

　本件「書簡」の具体的内容を見ても、たった１枚のレターのどこにも「保証」を直接示す語句が使われているわけではない。ただ、「特定のローンの条件、契約条項をよく知った上で、メインバンクとしてローンに同意を与える」、「メインバンクとしての地位と影響力を失わないようにする」、さらに、「返済がすみやかに進むように債務者の財務が行われることを請け合う」といったかなり具体的な約束文言を含んでおり、保証意思の有無の解釈上は微妙な点があるといわざるを得ない。

　だが、実際上「あいまいさ」が身上といっても、これを差し入れた側は法的責任を伴わない、もしくは法的責任を問われては困ると考えているのに対し、一方、受け取った側は、法的責任を問うのに十分な内容であると考えていたとすると、ここに明らかなギャップが生じる。

東海銀行の出した本件LOCは、まさにこうしたギャップを浮かび上がらせる形となった。

　LOCを受け取った外銀のうちチェース・マンハッタン銀行は、1981年9月10日、東海銀行を相手取り、1,800万ドルの保証債務の履行を求めニューヨーク連邦地方裁判所に訴えを提起した。LOCには、準拠法条項や裁判管轄条項が入らないのが普通であり、本件LOCも例外ではない。

　本件につき、被告となる東海銀行のある日本の裁判所が管轄権をもつことははっきりしている。だが、原告となるチェース・マンハッタン銀行の本拠地ニューヨークの連邦地方裁判所の管轄権が生じるには例外的事由が必要である。東海銀行としては、ニューヨークの連邦地方裁判所に管轄権はないとして争ったはずであるが、本件訴訟は1982年4月に至って、東海銀行がチェース・マンハッタン銀行に対し一般更生債権のカット分35％の半分を現金で支払うほか、同行が札幌トヨペットから10年にわたり無利息で弁済を受ける債権65％分の損失利息の半分を実質的に支払うなどの条件で和解に達し、取り下げられた（1982年5月2日付日本経済新聞）。

■2．「大同コンクリート工業倒産事件」の概要

　1998年2月28日、コンクリート製品大手の大同コンクリート工業株式会社（以下、「大同」と略す）が自己破産を申し立て倒産した。当時大同は、東証一部上場企業であって、1998年3月期も経営黒字を見込んでいたにもかかわらず破綻に追い込まれた。原因は、海外関連会社のために銀行に差し入れていた経営指導念書にあった。

　経営指導念書は、「日本語版LOC」である。ただ、使う場面や言い回しなどに日本的特徴があるために、必ずしもLOCと同列に論ずることはできない。

　大同は、香港に1社とインドネシアに2社、合計3社の関連会社を持ち、国際的に事業を展開していたが、これら海外関連会社が、その頃のアジア通貨危機の影響で軒並み経営不振になった。そのため、単体では黒字の同社も、

これら持分法関連会社（大同の持分比率は、各27.1％、40％、35％であった）を含む連結ベースでは、1997年３月期の連結決算で約４億円の赤字を出した。

　経営テコ入れのため海外関連会社は、邦銀（４行）から合計約48億円の融資を受けることにしたが、その際、大同が社長名で、不振の海外関連会社を借入先に迷惑をかけないように指導するといった内容の経営指導念書を差し入れた。その後、海外関連会社が経営危機に陥るに至り、邦銀は、この経営指導念書を債務保証に切り替えるか債務の肩代わり返済を迫るようになった。

　破産申立直後、東京証券取引所で記者会見に臨んだ大同の社長は、経営指導念書をどのように認識していたかとの記者からの質問に対し、「債務保証というようには全く考えていなかった。念書には万一の事態についても触れていない。役員会で決議して社長名で出しているが、法的にも債務保証ではない」と答えている（1998年３月１日付日本経済新聞）。

　文面全体すら見ずに本件念書に債務保証の効力があるか否かの評価はできないはずだが、経営指導念書が文言だけでなく差し入れられた経緯や作成過程などの状況を総合的に斟酌して、保証契約の効力が認められることは十分にあり得る。そのため、日本公認会計士協会は、1999年２月22日付で、保証類似の会計処理およびその表示に関する報告を出し、一定の要件を満たす保証類似行為は正式の保証契約を締結したのと同様の会計上の取扱いをすべきものとした。

　また、1998年12月22日付で公表された金融庁の金融検査マニュアル「中間とりまとめ」は、経営指導念書を含み正式の保証契約をしたのと同様の会計上の取扱いが可能な取引については、金融機関の資産査定において、保証付債権の取扱いをすることとした。

　本事件においては、海外関連会社を通じての事業に関連して出した経営指導念書がもとで上場企業が倒産に追い込まれていた点に着目したい。大同の

海外関連会社3社は、大同との間に通常の取引は存在しなかった。有価証券報告書によれば出資の目的は技術指導となっており、大同の技術指導のもとで現地生産するならば、日本から輸入して販売するよりもコスト面で有利になる。現地法人が利益を上げれば、そこからの配当やキャピタルゲインを見込めるのでそれを狙ったものと推測できる。

　そうだとしても、なぜ大同は、持分法関連会社にすぎなかった海外の会社のために、邦銀から融資を受けられやすいように責任を背負いかねない経営指導念書を出したのであろうか。海外、特に東南アジアや中国で現地法人を通じて事業を展開しようとするには、現地の外資規制のもとで許認可を得なくてはならない。業種や進出地域次第では現地パートナーが一定比率（例えば50％）を超えて持分を持たなければならないとされることがよくある。

　その場合、現地の合弁パートナーは、形式的な出資者にとどまり、実質的な事業主体は日本企業になることが多く、合弁会社が資金調達を必要とすれば、日本側で「保証」をするといった支援をしなくてはならない。

　現行会社法の「実質支配基準」によれば、大同の現地法人3社のうち少なくとも1社は「子会社」になると思われる。ほかの2社についても大同としては、実質的な親会社としての役割と責任を認識した上で本件経営指導念書を差し入れたと見るのが自然であろう。

　大同が、出資比率どおりのリスクを負うだけで東南アジアでの合弁事業をうまく展開しようと考えたのであれば、甘かったと言わざるを得ない。

■おわりに

　東海銀行事件は、レター類を含めた英米法律文書をしっかり審査しリスクを予防すべき課題を日本企業に突き付けた。それとともに、同事件は、グローバルな訴訟観の厳しさも露わにした。チェース・マンハッタン銀行が「突如」東海銀行をニューヨークで訴えたのは、東海銀行が経営破綻した岩沢グループの中核企業であった北海道テレビと金星自動車の再建計画案を、チェース・

マンハッタン銀行を含む外銀12行ほかに示し、同意を取り付ける交渉のさ中であったからである。

　再建案には、「道義的責任」を果たすべく東海銀行が大幅な妥協をする内容が含まれていたので、結局、チェース・マンハッタン銀行は岩沢グループの上記2社の再建案に同意し、両社分として東海銀行に弁済要求していた約25億円についてはニューヨークでの訴えから取り下げたものの、札幌トヨペットに対する債権15億円については訴訟を続行することを表明した。

　当時、銀行同士「角を突き合わせて」訴訟で戦うことに日本の銀行は慣れていなかった。そのため、足元を見透かされたかのようにニューヨークの裁判においても妥協を余儀なくされたと見られる。日本企業に「国際訴訟アレルギー」からの脱却をテーマとして残した。

　日本企業の訴訟アレルギー、訴訟嫌いは、国際的に知れわたっている感がある。外国で訴えられたら逆に日本で債務不存在確認訴訟（125頁以下参照）を起こすくらいのタフな訴訟観をもたないと国際ビジネスに関わってはいけない。

テーマ5
米国雇用差別訴訟

■はじめに

　日本では、2008年から2014年にかけて円高傾向が続いたこともあって、製造業を中心に産業の空洞化が懸念されるほど企業による海外進出がさかんになった。進出形態としては、工場を所有し製造拠点にする、あるいは支店を通じて製品を販売するのではなく、現地法人を子会社として持ち、これを通じて事業を展開する形が多い。

　その理由は、独立した有限責任原則の法人を通じた事業展開をすることで、海外現地のリスクをなるべく日本の親会社に及ぼさせないようにするためである。それでも、別法人とは名ばかりで実質的には支店も同然であるとして、法人格否認の法理を適用の上、親会社の責任が追及されることがある。

　これを避け、現地で発生したリスクはなるべく現地で処理するために有効なのが、海外子会社の「現地化」である。だが、「現地化」が過ぎれば海外子会社も対象にする日本親会社による企業集団内部統制が甘くなってしまう。また、多くの場合、大株主である日本親会社によるガバナンス上も不都合が生じかねない。どちらにも片寄ることのないバランスが必要であり、その意味で、「海外子会社の現地化」は、企業にとっていわば永遠の課題なのである。

　ちなみに、2014年6月に成立した改正会社法は、企業集団内部統制の要求を"強化"した。

ここで取り上げる米国での雇用差別訴訟は、海外子会社の現地化と独立性が最も問われる場面といってよい。

■1．米国住友商事、米国伊藤忠商事雇用差別訴訟

　日本の代表的な総合商社2社の在米子会社が、ほぼ同時期にそれぞれ現地従業員から雇用差別訴訟で訴えられた。いずれの裁判においても日本企業の現地法人における人事・労務面での「現地化」が問われることとなった。

　米国住友商事事件の概要は以下のとおりである。日本企業である住友商事は、米国に100％出資のニューヨーク州法人住友商事アメリカ（以下、「SSA」と略す）を持っていた。1970年代当時、SSAが雇っていた女性秘書は1人を除き全員が米国籍であったが、同社が経営幹部、管理職などに日本国籍の男性しか登用していなかったことが国籍、性別などによる差別を禁じた米国公民権法第7編に違反していると主張して訴えを起こした。

　被告とされたSSAは、日米友好通商航海条約（以下、「通商条約」と略す）第8条が「いずれの一方の締約国の国民および会社も、他方の締約国の領域内において、自己が選んだ会計士その他の技術者、高級職員、弁護士、代理人を業とする者その他の専門家を用いることを許される」と規定する点を根拠に反論をした。

　通商条約の同規定は、日本または米国の「国民および会社」が主語である。そこで、SSAは、米国法人ではあるものの日本企業が100％出資した現地法人であるから実質的に日本の会社として、同規定のもとで相手国において「高級職員」などを用いることができる特権を享受できると主張した。

　本事件は、被告会社が米国の差別禁止法である公民権法に違反しているか否かの実体的判断というよりは、その前提問題に焦点が当てられることになった。要するに、被告会社SSAは「日本の会社かアメリカの会社か」が、裁判の行方を左右することになった。

なお、米国で包括的に雇用における差別を禁止しているのが、1964年公民権法第7編（Title VII of the Civil Rights Act of 1964）である。

同第7編は、広く、使用者および組合が労働者を、人種、皮膚の色、宗教、性別、あるいは出身国によって差別することを禁じている。特に、その703条は、以下のように規定する。

> 使用者の以下の行為は、不法な雇用慣行となる。
> (1) ある人間を、雇用上の報酬、規程、条件、特典の上で、その人種、皮膚の色、宗教、性別、あるいは出身国を理由にして、不採用ないし、雇用拒絶・解雇その他の差別をすること
> (2) 人種、皮膚の色、宗教、性別、あるいは出身国を理由にして、労働者または就職希望者をその雇用の機会を奪い、その他労働者の地位に不利な影響を与えるような方法で制限的、差別的、もしくは区別的待遇をなすこと

第1審のニューヨーク州南部連邦地裁は、SSAの主張を退け、被告会社はアメリカで設立されたアメリカの会社であるから公民権法の適用を免れることはできないと判示した。

これに対して、控訴審（第2巡回区控訴裁判所）は、結論としては第1審判決を支持したものの、あいまいな形で、SSAは本条約の保護を受けるが、同条約は公民権法第7編の適用を完全に免除するものではないとした（638 F.2d 552, 1981）。

原告、被告双方から上告がなされた。米連邦最高裁判所は、1982年6月15日、第1審判決と同様に、通商条約第22条に基づいて被告会社はアメリカ法人になるので、同条約第8条による保護は受けられないと判示した（Sumitomo Shoji America, Inc. v. Avagliano., 457 U.S. 176, 50 USLW 4643）。

一方、米国伊藤忠商事事件においてもほぼ同様のことが争われた。ただ、

この事件では、原告として訴えたのが男性従業員のみであったため、性別による差別は問題とされず、国籍による差別が公民権法のもとで問題とされた。

第1審は、通商条約第8条の適用を否定して被告会社の主張を退けたが、第2審の第5巡回区控訴裁判所は、逆に条約第8条の適用を被告会社にも認め、被告会社は高級職員や技術者に日本人のみを雇用することもできると判示して、第1審判決を覆した（Spiess v. C. Itoh & Co., 634 F.2d 353, 1981）。

上記米国住友商事事件における控訴審判決とは対照的な判断である。上告審で米連邦最高裁は、これに先だって下された上記米国住友商事事件の同裁判所判決に照らして判示するよう指示して、控訴審に事件を差し戻した。

■2．米国における雇用差別訴訟

日本の代表的総合商社2社が訴えられたこれら訴訟で米連邦最高裁判所が示した判断は、単純明快なものであった。

判決は、まず、通商条約第22条第3項の「会社」の下記定義を引用している。

> この条約において「会社」とは、有限責任のものであるかどうかを問わず、また、金銭的利益を目的とするものであるかどうかを問わず、社団法人、組合、会社その他の団体をいう。<u>いずれか一方の締約国の領域内で関係法令に基づいて成立した会社</u>は、当該締約国の会社と認められ、且つ、その法律上の地位を他方の締約国の領域内で認められる。
>
> （下線部筆者）

判決が問題としたのはこの定義の後半下線部で、英文は"Companies constituted under the applicable laws and regulations within the territories of either party 〜"となっている。

判決は、この文言どおり読めば、SSAは、ニューヨーク州の法律に基づいて成立しているので合衆国の会社であって、通商条約第8条のもとでの権利に依拠することはできないとした。
　両事件の控訴審判決が述べるような異なる解釈はあるが、連邦最高裁は、日米両国政府の解釈も同裁判所判決の解釈を支持している旨を述べ、判決脚注部分では、日本の在米大使館から米国務省に宛てた外交上の1982年4月21日付下記通信内容まで引用している。

> The Government of Japan reconfirms its view that a subsidiary of a Japanese company which is incorporated under the laws of New York is not itself covered by article 8., paragraph 1 of the Treaty of Friendship, Commerce and Navigation between Japan and the United States (the FCN Treaty) when it operates in the United States.
>
> （筆者訳）
> 　ニューヨーク州法の下で設立された日本の会社の子会社は、合衆国内で事業活動をする場合、それ自体が日米友好通商航海条約（FCN条約）第8条第1項の対象にならないとの見解を日本政府は再確認する。

　結局これらの事件は、日本企業側で被害者に対して賠償金などを支払うことで和解になった。

■3．「米国三菱自動車セクハラ事件」の概要

　1996年4月、三菱自動車のイリノイ州の現地法人（Mitsubishi Motors Manufacturing of America：MMMA）に対し大規模なセクハラ訴訟が米国EEOC（Equal Employment Opportunity Commission：雇用機会均等委員会）によって提起された。同社は、1998年に至り、3,400万ドル（当時の為替レートで約48億円）の和解金を支払うこととなった。

事件は、1992年、MMMAの女性従業員らが工場におけるセクハラについてEEOCに苦情を申し立てたことから始まった。1994年には、29名の女性従業員がMMMAに対しセクハラによる民事訴訟を提起した。EEOCは15ヵ月間にわたり調査を行い、被害者が100名を超える大規模なセクハラ行為が長期間継続して行われていたにもかかわらず会社が放置したとの結論に達した。EEOCはこれをもとにMMMAに13項目からなる改善勧告を示して調停を試みたが、同社は、外部機関による監査と同機関への懲罰権の付与、および被害者への賠償の2項目の受け入れを拒否したため、調停は失敗に終わった。

　その後EEOCが1996年4月9日、冒頭の提訴に踏み切ったのであるが、MMMAは適切に対処してきたとして争う姿勢を示したことから、会社を支持する3,000人近くの従業員がバスを連ねてEEOCに抗議デモを繰り広げた。ただ、その際にチャーターしたバス59台と参加者の昼食代、日当は会社が用意したものと伝えられると、同社は全米の新聞やテレビで厳しく批判されることになった。

　1996年5月に入ると、原告団に加わった従業員に対する会社の報復措置もあって、人権擁護団体「虹の連合」、「全米女性機構（NOW）」など3団体が、全米で三菱自動車ディーラーへの抗議活動や三菱製品の不買運動を始めた。

　こうした事態に至りMMMAは、日本の親会社だけでなく三菱ブランドに広く及びかねないレピュテーションリスク（風評リスク）を避けるため、EEOCとの和解を推し進めることに方針を変えた。1997年1月には、MMMAが女性の雇用拡大、マイノリティ企業との事業契約を増やすために相当額の投資を行うことを約束したことで、人権擁護団体による不買運動はようやく幕となった。

　結局、1997年8月28日、MMMAは民事訴訟の原告29名のうち27名と和解金総額950万ドル（当時の為替レートで約13億円）で和解し、EEOCによるクラスアクション（集団訴訟）についても、1998年6月11日、総額3,400

万ドル（同約46億円）で和解することを表明した。

■4．米国におけるセクハラ訴訟の意義

　いまでは日本でもセクシャルハラスメント、略してセクハラの語が広く使われるようになった。1985年に制定（1986年4月10日から施行）された男女雇用機会均等法（雇用の分野における男女の均等な機会及び待遇の確保等に関する法律）は、セクハラが性別に基づく雇用上の差別に当たることを明確にしている。

　セクハラがこのような法規制の対象になることを最初に裁判例を通じて明らかにしたのは米国であり、1976年のことであった。ただ、当初は公民権法第7編のもとで性別に基づく差別とされていたのは、「対価型セクハラ」のみであったところ、1980年11月、EEOCがセクハラガイドラインを作り「環境型セクハラ」を含め、公民権法第7編違反になるとした。

　現在の男女雇用機会均等法11条は、「職場における性的な言動に起因する問題に関する雇用管理上の措置」を規定し、「対価型」「環境型」を問わず事業主にセクハラ防止のための「必要な体制の整備その他の雇用管理上必要な措置」を講じることを義務づけている。

　法令上の規定を比較する限り日米間で大きな違いはないようにも見えるが、訴訟にまで問題が発展すると事業主に与えられるダメージの大きさにはかなりの差が生じる。特に米国では、1991年に起こったトーマス判事の「セクハラ疑惑」をきっかけに同年11月、公民権法が改正になり、それまでセクハラ訴訟に認められていなかった懲罰的賠償制度も導入し、最高30万ドルまでの損害賠償を定めた。

　また、EEOCのガイドラインは使用者に厳格責任を課しており、使用者は監督義務を尽くしたか否かに関係なく、選任した管理職などのセクハラにつき無過失責任的に賠償責任を負わなくてはならない。

　さらに、EEOCが公民権法第7編の執行機関として設置されており、原告

となって訴訟を提起する権限を有している点は、日本との違いは大きい。EEOCが調査に乗り出したというだけで社会の関心を集め、日本親会社を含む企業グループ全体のブランドイメージやレピュテーションを大きく損なうおそれがある。

■おわりに

　異なる文化圏で事業を展開する上では、現地での雇用に関連した法律問題に気をつける必要がある。特に日本的雇用慣行を当然のように現地に持ち込むと、思わぬ反発を招きかねない。

　総合商社による雇用差別訴訟では、在米100％子会社が現地法人としてどこまで現地法令を遵守しなくてはならないかが象徴的に争われた。日本企業が100％出資している現地法人の経営幹部が日本人ばかりで何がいけないのかといった感覚は捨て去るべきである。現地で雇用された従業員からすれば、最も国籍、人種による差別を主張しやすいケースかもしれない。

　30年以上も前のこととはいえ、女性の役員が極端に少ない日本の大企業の「人事慣行」がそのまま米国に持ち込まれたためか、米国住友商事事件においては、「性別」も差別の内容に加えられた点に着目すべきである。法令の内容にほとんど差はなくなったとはいっても、性別に基づく雇用差別に対する日米両国民の感覚にはまだずれがあると言わざるを得ない。

　2013年4月、安倍首相は、「成長戦略スピーチ」の中で、2020年までに会社役員・管理職のうち3割を女性にする目標を掲げた。
　ある職種に就く人の割合を、現地における人種構成比から大きく異なる内容にするときは注意を要する。米国は、移民国家であり人種、宗教など異なる人々が集まって作った社会である。企業はそうした社会で現地人を雇い入れ、事業を展開する上では、アファーマティブ・アクション（affirmative action）をとらなくてはならない。

アファーマティブ・アクションは、積極的是正措置と訳されるように、現地法コンプライアンスを具体的な行動計画にして実践していくことをいう。人種による雇用差別をなくすために、事業主がその地域の人種構成比率に応じた採用を心がけるのは、アファーマティブ・アクションの例である。

　海外子会社などを通じたグローバル事業展開における「現地化」の実践は、口で言うよりはるかに難しい。それは異文化対応が求められるからである。イスラム社会には異なる文化があり、宗教的教義が法的ルールにもなっている。異なる文化に基づいて形成された現地法令を尊重する現地法コンプライアンスをどこまで形、体制にすることができるかが問われている。

　なお、2014年11月21日、衆議院が解散されたため、臨時国会に提出が予定されていた女性活躍推進法案（正式名称は、女性の職業生活における活躍の推進に関する法律案）は廃案になった。

テーマ 6
大和銀行事件

■はじめに

　日米間では、第2次世界大戦後、主要な産業分野で経済・貿易摩擦が繰り返されてきたが、よく見ると興味深い事実に気づく。

　それは、日本経済が戦後の復興を遂げていくなかで、米国に「追いつき追い越す」勢いで迫った産業分野で次々と摩擦が生じたことである。最初は繊維の分野で、「ワンダラーブラウス事件」（1955年）があった。当時、米国の綿繊維業界で日本の低価格綿製品の輸入を阻止しようとする動きが広がり、アイゼンハワー大統領がエスケープ・クローズ（免責条項）を強化した互恵通商協定3ヵ年延長法案（クーパー法案）に署名した（1955年6月）。

　次に鉄鋼、家電、自動車の各分野で摩擦が激化し、1960年代半ばからコンピューターの開発が進むと、「半導体摩擦」が起こった。コンピューターをめぐる摩擦はハードからソフトへと内容を変えつつ、1982年夏にはIBM産業スパイ事件が起こりピークに達した。

　その後、1980年代から90年代にかけては、サービス分野が摩擦の対象に加わってきた。日本の大手銀行が規模のランキングで世界のベストテンの半数以上を占めたのもこの頃である。この時期に、「日本叩き」を象徴した事件が大和銀行事件である。

■1.「大和銀行事件」の概要

　大和銀行事件の事実関係を正確に知るためには、大阪地方裁判所が2000（平成12）年9月20日に下した判決が最も参考になる。この判決は、大和銀行の株主が起こした株主代表訴訟において下されたものであったが、米国では行政処分、刑事罰が下され、その内容は「日本の銀行叩き」といってもよい厳しさであった。
　事件の概要を、大阪地裁判決をもとにまとめてみよう。

　本件訴訟は、後に審理が併合されるが、甲事件および乙事件の2件が提起され始まった。甲事件は、大和銀行ニューヨーク支店で現地採用した行員Iが、1984年から1995年までの間、同行に無断かつ簿外で米国財務省証券の取引を行って約11億ドルの損失を出し、この損失を隠ぺいするために同行所有の財務省証券を無断かつ簿外で売却して約11億ドルの損害を生じさせたことにつき、当時代表取締役でニューヨーク支店長であった取締役らが、不正行為を防止し損失の拡大を最小限にとどめるための内部統制システムを構築すべき義務があるのに、これを怠るなどして同銀行に与えた損害を賠償することを求めた。
　乙事件は、上記無断取引などによって約11億ドルの損害が発生したことを米国当局に隠匿していたなどとして、米国において刑事訴追を受け、有罪答弁を行って罰金3億4,000万ドルを支払ったことにつき、当時の代表取締役ニューヨーク支店長らの内部統制構築義務違反などがあったとして提起された。

　大阪地裁の判決（2000年9月20日）は、請求一部却下、一部認容の結論であったが、甲事件では被告1名（元ニューヨーク支店長）に5億3,000万ドル、乙事件では、各自連帯して、被告2名に2億4,500万ドル、被告1名に1億5,750万ドル、被告5名に1億500万ドル、被告3名に7,000万ドル

の支払を命じた。同判決に対しては、大阪高等裁判所に控訴がなされ、2001年12月10日に控訴審で和解が成立した。和解は、一審における被告が各自連帯して、総額2億5,000万円を支払うとの内容で、これによって利害関係人（大和銀行）が設立する持株会社と一審原告らおよび参加人との間において本件に関する紛争が一切解決したことが確認された。

　同判決は、2つの訴訟に関しており、被告の数も多く、取締役だけでなく監査役の責任も問われていることから、かなりの長文になっている。そこで、日本企業における国際商事法務の視点から、ポイントを絞って論じることにする。

■2．リスク管理体制の構築義務

　当時は、リスク管理体制の構築が取締役の善良なる管理者の注意義務や忠実義務の内容をなすことを、グローバルに事業を展開する大企業につき正面から論じた判決はなかったように思う。大阪地裁判決は、この点につき監査役の義務を含め、次のように述べている。

> 　健全な会社経営を行うためには、目的とする事業の種類、性質等に応じて生じる各種のリスク、例えば、信用リスク、市場リスク、流動性リスク、事務リスク、システムリスク等の状況を正確に把握し、適切に制御すること、すなわちリスク管理が欠かせず、会社が営む事業の規模、特性等に応じたリスク管理体制（いわゆる内部統制システム）を整備することを要する。そして、重要な業務執行については、取締役会が決定することを要するから（商法260条2項）、会社経営の根幹に係わるリスク管理体制の大綱については、取締役会で決定することを要し、業務執行を担当する代表取締役及び業務担当取締役は、大綱を踏まえ、担当する部門におけるリスク管理体制を具体的に決定するべき職務を負う。この意味において、取締役は、取締役会の構成員として、また、代表取締役又は業務担当取締役と

> して、リスク管理体制を構築すべき義務を負い、さらに、代表取締役及び業務担当取締役がリスク管理体制を構築すべき義務を履行しているか否かを監視する義務を負うのであり、これもまた、取締役としての善管注意義務及び忠実義務の内容をなすものと言うべきである。監査役は、商法特例法22条1項の適用を受ける小会社を除き、業務監査の職責を担っているから、取締役がリスク管理体制の整備を行っているか否かを監査すべき職務を負うのであり、これもまた、監査役としての善管注意義務の内容をなすものと言うべきである。
>
> もっとも、整備すべきリスク管理体制の内容は、リスクが現実化して惹起する様々な事件事故の経験の蓄積とリスク管理に関する研究の進展により、充実していくものである。したがって、様々な金融不祥事を踏まえ、金融機関が、その業務の健全かつ適切な運営を確保するとの観点から、現時点で求められているリスク管理体制の水準をもって、本件の判断基準とすることは相当でないと言うべきである。また、どのような内容のリスク管理体制を構築すべきかは経営判断の問題であり、会社経営の専門家である取締役に、広い裁量が与えられていることに留意しなければならない。

ここに引用されている条文は、いずれも会社法制定前のものであるが、例えば、大会社である取締役会設置会社の取締役会が重要な業務執行について決定すべきこととして「リスク管理体制の大綱」が含まれる点については、会社法362条4項6号、同条5項および会社法施行規則100条に詳しく明文化された。

リスク管理体制の構築に被告元取締役らの義務違反が具体的にあったか否かについて判決は、米国財務省証券の残高確認を行うにあたって現物確認が十分に行われていなかった点を、以下のとおり、問題とした。

> 大和銀行は、顧客から預り保管していた財務省証券の残高確認を行うに当たり、証券の性質に応じた現物確認（検査担当者が登録債の保管残高明細書をバンカーズ・トラストから直接取り寄せて支店の帳簿と照合すること）という欠くべからざる方法を採らないという、正に重大な過誤を犯したために、本件無断売却を発見できなかったのであり、Ｉが異常に巧妙な隠ぺい工作を採ったから本件無断売却を発見できなかった訳ではない。我が国及び米国の監督当局は、一行の経営破綻が金融システム全体に波及するおそれがあるという銀行の特殊性に鑑み、銀行の業務の健全性及び適切性を確保するために検査を行っているが、銀行の経営の健全性を確保する第一次的な責任を負っているのは、銀行自体である。銀行は、自己責任の観点から、自ら管理を行わなければならないのであって、自ら行うべき管理を監督当局の検査をもって代替しようとしてはならない。

■3．外国法令も対象にした「法令遵守経営」

　日本の株式会社の取締役が直接外国の法令を遵守すべき義務を負っているとは考えにくい。事業展開が何十ヵ国にも及ぶグローバル企業において、各国の法令を知った上でこれを遵守することは、不可能に近いとすらいえる。だが、本件大和銀行事件が示すように、外国法令とはいえ、企業の主要業務を規制する基本法令に違反するならば、その企業の存立をも危うくしかねないほどのリスクに見舞われる。グローバル企業にとってのリスク管理の問題として外国主要法令の遵守を位置づけるべきであろう。判決はこの点につき、「法令遵守経営」のタイトルのもと、次のように述べている。

> 　取締役は、会社経営を行うに当たり、株主利益の最大化を究極の目的としつつも、目的達成の過程では、須く、法令を遵守することが求められているのであり、法令遵守は、会社経営の基本である。商法266条1項5号は、

> 取締役に対し、我が国の法令に遵うことを求めているだけでなく外国に支店、駐在事務所等の拠点を設けるなどして、事業を海外に展開するに当たっては、その国の法令に遵うこともまた求めている。外国法令に遵うとは、商法254条3項〔会社法330条〕において準用する民法644条が規定する受任者たる取締役の善管注意義務の内容をなすからである。争点2〔米国銀行監督当局への報告義務違反関連〕で問われているのは、大和銀行の取締役自身が法令遵守という観点に立った会社経営を行ったのか否か、すなわち、会社経営の専門家として適切な経営判断を行ったのかそれとも、逆に、許される経営判断の裁量の枠をはみ出したのか、また、他の取締役及び監査役に、監視義務違反又は監査義務違反が認められるか否かである。

その上で判決は、各被告の義務違反の有無を論じているが、乙事件の被告らが「米国の銀行に対する法規制の内容を知らなかったものであり、平成7〔1995〕年9月初旬米国の法律事務所の法的助言を受けて初めてその詳細を知り、その後は最善の措置をとった旨主張している」点については、以下のように述べている。

> しかしながら、米国の監督機関であるFRBに対し虚偽の内容のコール・レポートを提出すること、虚偽の内容の保管残高明細書をあたかもバンカーズ・トラストが作成したかのように装って作成すること等に係る具体的な行為が違法であることを知らなかったとは到底考えられない。加えて、大和銀行が、平成2〔1990〕年にロイズ銀行から米国内の拠点網を買収するなど米国で積極的な事業展開を行い、ロイズ銀行の米州本部機構をほぼそのまま米州業務部として残し、本部との連絡窓口として米州企画室を設けるなどしていたこと、平成3〔1991〕年に外国銀行監督強化法が制定され、FRBに外国銀行の支店等に対する完全な検査権限が認められ、ニューヨーク支店に対してもFEDによる検査が実施されていたこと等、前記認定の事実関係によれば、届出及び報告に関する米国の法規制について

も、少なくともその概要は承知していたものと推認すべきである（前記認定のとおり、被告Fらは、平成7［1995］年8月8日に大蔵省銀行局長に対しては報告を行っているのであり、手続の詳細はともかく少なくとも、監督当局に対する報告の必要性自体を認識していたことは明らかである。）。

乙事件の被告らは、日本の金融監督当局の要望、示唆に反してあえて事件を米国当局に報告することはできなかったと主張した。判決は、次のように述べてこの主張を排斥した。

大蔵省が、被告Fらに対し、権限に基づき、米国当局に対する報告を行わないよう指示ないし命令を行ったことを認めるに足りる証拠は、当法廷に提出されていない。加えて、米国で銀行業を営む以上、米国の銀行に対する法規制に遵う義務を負うのであり、被告Fらは、銀行の経営者として、自ら、適切な経営判断を行う職責を負っていたのである。被告Fらは、我が国の経済が発展し、地球規模に拡大しているにもかかわらず、我が国内でのみ通用する非公式のローカル・ルールに固執し、大蔵省銀行局長の威信を頼りとして大和銀行の危機を克服しようとして、米国当局の厳しい処分を受ける事態を招いたものである。期待可能性がなかったという乙事件被告らの主張は、大蔵省の判断及び指示に依存して銀行経営を行い、自らの責任において判断を行わないことが許されることを意味するが、もとより、そのような主張を採用することはできない。

■4．「大和銀行事件」の教訓

大和銀行事件を、日本で起こされた株主代表訴訟の判決をもとに、海外でも事業を展開する日本企業にとっての教訓的課題を1つに絞るならば、進出

先海外現地の法令も遵守する「グローバルなコンプライアンス体制の確立」である。

　この課題は、日本の法令だけでなく外国の主要法令も守ればよいかといえば、それほど単純なものではない。上記判決引用部分が示しているように、外国法令の内容は行政指導を含めた日本のそれと内容的に矛盾し排斥し合うことがあるからである。本書で取り上げた独占禁止法分野における対抗立法のように「あちらを立てればこちらが立たず」といった、いわば板挟み状態を生み出す法令はめずらしくないからである（141頁以下参照）。

　こうした状態に陥ったときはいずれの国の法令を優先させるかの選択を迫られることになるが、日本法令を優先させて現地法令に違反する結果を招くと、当然のことながら現地において違反に対する制裁を免れない。

　一般に法令違反に対する制裁には、社会的制裁を別にすれば、刑事罰、民事罰、および行政処分（罰）がある。大和銀行事件の場合、現地法令違反に対し、司法取引がなされたとはいっても当時の換算で350億円相当の罰金の支払が銀行に命じられた。銀行を被告とする民事の損害賠償請求訴訟こそ現地で起こっていないが、当時の役員個人を被告とする株主代表訴訟が日本で起こった。

　それら以上に大きかったのは、行政処分である。米銀行監督当局は、1995年11月2日、大和銀行に対し、90日以内に米国の拠点から全面撤退するか売却するよう命令を下した。大和銀行はこの命令に従って米国から全面撤退したが、この行政処分の国際業務を展開する金融機関に与えたダメージの大きさは、改めて言うまでもないであろう。

■おわりに

　大和銀行事件は、いわゆる規制産業の代表格である銀行業に特有な事件と見ることもできる。しかしながら、いま日本企業の主戦場である新興国においては、すべての外国企業の活動が許認可にかかるといってもよい。例えば、

中国において重大な法令違反があれば、一般に規制産業とは見られないメーカーであったとしても「撤退」を命じられるかもしれない。

冒頭、大和銀行事件は日米経済摩擦のなかで「日本叩き」の一環として起こったといったが、それともやや違う内容で、時として地政学的カントリーリスクに民間企業が巻き込まれるリスクについては十分に想定しておかなくてはならない。そのリスクの元は、現地法令違反が多いことも知っておくべきである。

現地法令違反をなくすグローバルなコンプライアンス体制の構築が求められているが、なかでも急速に重要性を増しているのが現地公務員への贈賄問題である（64頁以下参照）。

テーマ 7
日米半導体摩擦

■はじめに

　テーマ６では、第２次世界大戦後、日本がめざましい経済復興を遂げていくなかで、「モノからサービスへ」日米経済摩擦の焦点が移る過程での大和銀行事件を取り上げた。ここでは同事件より10年以上前に起こった日米半導体摩擦を取り上げてみたい。

　1980年代に入る頃、マイクロエレクトロニクスがあらゆる産業に浸透していったが、それを支えたのが半導体であり、その意味で半導体は「産業のコメ」と称された。それだけに、半導体摩擦は日米先端技術摩擦の象徴的存在となった。

■1．日米半導体摩擦の歴史

　半導体摩擦が日米企業間の「訴訟合戦」にもなって表面化するのは1980年代半ば頃からであるが、その「伏線」は1960年代から見られた。

　1964年、当時世界最大の半導体メーカーであったテキサス・インスツルメンツ社（TI）が、日本における100％出資の半導体製造子会社の設立を通商産業省（当時）に申請した。同省は1968年、出資比率50％でソニーとの合弁会社によること、生産規模については日本政府と話し合うこと、および特許は公開することの３条件のもとで日本進出を認めた。TIは100％出資子

会社を望んだ。これによる進出を認めるならば米国同業他社の追随を避けられず、日本のIC（集積回路）産業育成を妨げるおそれがあると判断したためである。

これに前後して、日本政府はIC産業の将来性に着目し、その振興と育成を図るためにいくつかの対応策を講じ産業政策を推し進めていった。その柱となったのは、電子工業振興臨時措置法（1957年〜1971年）と特定電子工業及び特定機械工業振興臨時措置法（1971年〜1978年）の２本の法律であったが、後者は特定機械情報産業振興臨時措置法（1978年〜1985年）に受け継がれた。

1974年、日本のIC産業は全面的に自由化されるに至るが、その一方で、さらに強力な産業振興策がとられることになった。

まず、コンピューター、IC産業の自立を狙いとして電子計算機等開発促進費補助金制度を設けた（1972〜1975年度、約500億円）。次いで、IBM社の次世代コンピューター開発計画への対抗措置として超エル・エス・アイ技術研究組合を結成し、参加企業５社による共同研究を行うことになった（なお、この共同研究に対し、1976年度から４年間に投入された補助金は290億円に上ったといわれる）。

こうした政府の「ターゲッティング」（特定産業育成策）のせいもあって、日本のIC産業は米国の半導体メーカーの地位を脅かすまでに大きく成長した。しかし、一方で半導体分野が日米通商摩擦の一大「激戦地」になった。

日米半導体摩擦が、具体化、表面化するのは、1985年６月15日付で米国半導体工業会（SIA）が、1974年米国通商法301条に基づく米国通商代表部（USTR）宛提訴をした頃からである。本提訴の根拠規定となった通商法301条は、相殺関税法と同様、米国から見た外国政府の行為に対する報復措置を認める。

すなわち、同条は、外国政府が米製品の輸入制限、米企業の進出規制など

を行っている場合、米大統領が報復措置をとれるとする。本件SIAの提訴状には、1974年から1975年頃まで、日本政府がガット（関税・貿易に関する一般協定）11条に違反して外国からの輸入や投資を制限しようとしており、保護措置を打ち切った1975年以後も日本政府の生み出した構造的障壁が米製品の日本市場への流入を制限し続けている旨が書かれている。

提訴状は続けて、米製品の日本市場における販売力を劇的に増加させること、および日本製品の米市場における潜在的なダンピングを阻止することの日米両面における政策目標を米大統領がとるよう要求した。日米半導体摩擦は、こうして、国家による産業政策を対象に含んで、国家間のいわば「マクロの闘い」として始まった。その推移を時系列で追ってみる。

1986年9月、政府間で日米半導体協定が締結された。本協定は、外国製半導体シェアの拡大、日本企業によるダンピング防止などを目的としていたが、1987年4月、米国は目標達成が不十分であるとして日本製パソコンやカラーテレビに100％の報復関税を課した。これに対し、日本が米国からの半導体輸入を拡大するなどの措置を講じたため、同年11月、報復措置は解除された。

上記半導体協定の期限切れ（1991年7月）を控え、新協定の交渉が始まり、参考指標としてシェア規定を盛り込むとする米側の主張を容れて、1991年6月新協定が締結された（期間5年）。

新協定の要点は、市場アクセスの拡大とダンピング防止にある。アクセスをより拡大するために日米双方で国民の行うべき努力や相互の協力関係を具体的に規定し、マーケットシェアに加え他の諸要素も考慮して総合的に評することにした。外国系半導体の日本市場でのシェア20％に関しては、米国業界の期待であって日本政府の保証ではないことを明確にした。ダンピングについては、それまでの日本政府による厳格なモニタリングに代わり企業自らが価格、コストデータを収集整理することにした。また、第三国に対するダンピング調査につき、日本企業が迅速に対応する旨が規定された。

こうした内容の協定は、外国系半導体のシェアを着実に増大させる効果をもたらしたが、一方で日米の半導体業界は「日米共同発展プロポーザル」の発表（1988年）に象徴される、技術協力や販売提携などによる協力関係を発展させていった。また、協定は競争制限的に働き、DRAMの市場価格を高騰させたため、その後において韓国、台湾メーカーによる本格的市場参入を許すことにもなった。

1989年、日米政府が半導体関税撤廃に合意し、日米半導体摩擦は終結が宣言された。世界一を誇った日本の半導体市場は、「20％」のシェアを何とかクリアした後の1993年に米国市場にトップの座を奪われ、2001年以降は日本を除くアジア市場が他を圧倒している。

■2．ミクロの訴訟合戦

日米半導体摩擦は両国政府を巻き込んだマクロ的構造摩擦の様相を呈したが、一方で個々の日米企業がミクロ的に訴訟合戦を繰り広げた。米企業が仕掛けた訴訟攻勢は、独占禁止法、知的財産権法、通商法など、ありとあらゆる法的根拠を総動員するかのような多彩な内容をもち、当時、マルチプル・リーガル・ハラスメント：MLH（直訳すれば「多角的法的いやがらせ」）と称された。

1980年代から1990年代にかけて日米半導体摩擦を象徴する一連の知的財産権訴訟が、TIと日本企業間で争われた。

まず、1986年1月、TIは、日韓の半導体メーカー5社によるDRAMに関するTIの特許侵害を理由に、テキサス州の連邦地方裁判所に提訴し（後に、被告に日本のメーカー4社を追加）、併せて、同じメーカーを相手取り、米ITC（国際貿易委員会）に、関税法337条に基づき、特許権侵害の日本製品の輸入禁止命令を申し立てた。

1987年9月、日韓の半導体メーカー9社は、合計2億ドルを超える特許

料を支払うことでTIと和解した。

　1992年6月、TIは、三洋電機（現パナソニック株式会社）を特許侵害でダラス連邦地方裁判所に提訴するとともに、三菱電機など日本メーカー5社と特許のクロスライセンス契約を更新したと発表した。

　TIと三洋電機を含む日本メーカー6社は、1991年に特許のクロスライセンス契約が切れて以来、契約更新の交渉を続けてきた。契約の対象には、TIがもつ半導体製造の基本特許「キルビー特許」が含まれていた。交渉の結果、三洋電機とは10年間、セイコーエプソンなど4社とは5年間の契約延長が合意されたが、三洋電機だけは、キルビー特許以外の特許については認めたものの、「キルビー275特許」は使用していないとして包括的な契約の締結を拒否した。

　そこで、TIが提訴したものであるが、これに対して三洋電機は、1992年7月、米の半導体販売子会社を通じて、TIを反トラスト法違反で、サンフランシスコ連邦地方裁判所に逆提訴した。

　この逆提訴には、2つの戦略的な意義があった。第1に、特許侵害を理由に訴えられた当事者が、反トラスト法違反を理由に反撃を試みたことである。特許に代表される知的財産権には独占的権利行使が認められるが、それによる競争制限的効果は、競争法・独占禁止法の理念とは相容れないことがよくある。第2に、逆提訴をすることによって、相手も被告の立場に置かせ、当事者間で対等に近い、いわば「がっぷり四つ」の戦いを繰り広げる形が作られたことである。

　TIと三洋電機間の特許訴訟は、TIの持つ、いわゆるキルビー特許についてであった。問題のキルビー特許は、集積回路（IC）の特許で、1つの半導体基板にいくつものトランジスターや抵抗などを詰め込み、回路を集積するというICの基本的な考え方を特許にしていた。基本的なだけに、広くとらえれば、すべての半導体はこの考え方をもとに製造されているといえる。

　キルビー特許は、米国では1964年、日本では1965年にそれぞれ発効し、

1981年と1980年に有効期限が切れた。訴訟で問題となった特許は、ICの基本特許をいわば衣替えして分割、修正した「キルビー275特許」であり、日本での出願が1971年、成立が1989年10月、有効期限は2001年までであった。ちなみに、「キルビー」は、元TIの研究者で、IC発明者の1人であるジャック・キルビー氏にちなんでいる。

　TIは、基本的な技術についての知的財産権を活用して特許料収入などを得て、さらに半導体などの研究・開発に再投資していく戦略を推し進めている代表的なハイテク企業であった。日本の各半導体メーカーからも、厳しく特許料を取る方針を貫いてきた。「新キルビー特許」が成立した直後、富士通、東芝、日本電気などに対し、年間総額2,000億円にも上る特許料支払を要求したこともあったという。

　こうしたTIの基本特許を盾にした攻勢に対し、まず反撃したのが富士通である。同社は、「キルビー特許を侵害していないことの確認」を求める訴訟を、1991年7月19日、東京地方裁判所に提訴した。

　これに対してTIは、同日、東京地裁に富士通を特許侵害で逆提訴した。ここでも、「戦略的訴訟合戦」の図式が生み出された。

　米国を舞台にTIと訴訟合戦を繰り広げてきた三洋電機は、1992年11月24日、TIと和解したと発表した。これによって両社とも訴えを取り下げ、キルビー特許に関する特許料支払を含まない半導体のクロスライセンス契約を新たに結ぶことになった。契約期間は、1996年11月30日までとされた。

　和解内容がキルビー特許を対象から外したことについては、憶測も流れた。すなわち、三洋電機側は、裁判では一貫してキルビー特許は使っていないと主張しつづけ、「侵害していない」というよりは、使わないで半導体を製造できるとした。こうした強気の姿勢を崩さない一方で、自社のもっている技術の特許でもって、TIとのクロスライセンスに持ち込むことにし、交渉の結果これを実現した。

　日本企業がアメリカ企業と知的財産権紛争を闘う際の1つのパターンが、

ここにある。けっして安易な妥協をすることなく闘う一方で、自社の技術との"相殺"を試みる。ただ、この作戦が効を奏するためには、日本企業にそれだけの技術資産がなくてはならない。

一方、TIは富士通との係争に「勝算あり」と見て、もし東京での裁判に勝つことができれば、三洋電機とキルビー特許抜きで契約しても、いずれ特許料が入ると考えていたようである。

だが、結果はTI側の敗訴に終わった。事件は、富士通が特許権侵害の存在しないことの確認を求める債務不存在確認訴訟として争われ、第1審の東京地方裁判所、第2審の東京高等裁判所は、共に、富士通の製造販売する半導体が当該発明の構成要件を充足しないとして、富士通の請求を認めた。上告がなされ、最高裁判所（第三小法廷）は、平成12（2000）年4月11日、特許に無効理由が存在することが明らかであるときはその特許権に基づく差止め、損害賠償等の請求は、特段の事情がない限り権利の濫用に当たり許されないとし、大審院判例を変更する新判断を示して上告を棄却した。

■おわりに

技術は、水と同じで高いところから低いところに向かって流れていく。「産業のコメ」とされる半導体の場合、1948年にキルビー氏が、ベル研究所でトランジスター回路を作ったところからすべてが始まる。1970年代に入り日本が米国に追いついた形にはなったが、その後も半導体メモリ、マイクロプロセッサ（MPU）など主な製品の開発と基本技術は、ほとんど米企業によって行われてきた。

そのため、日本企業は、TIに多額のロイヤリティを支払うなどして米企業から製造ノウハウの導入に努めてきた。その過程で、TIによるロイヤリティの大幅引上げ要求があったり、突然TIから訴えられたりする日本企業があったのは上述のとおりである。

三洋電機の場合は、逆提訴によってクロスライセンスに持ち込むことを狙

うなど、基本特許を振りかざして攻めてくる相手とどう戦うべきかの「戦法」を日本企業は身に付けていった。

この「戦法」は、「瞳(ひとみ)分割方式」の基本特許によって米ハネウェル社から訴えられたミノルタの戦い方にも生かされたように思う。

途中経過は一部重複するので省略するが、いまは韓国、台湾、中国の企業が主役のアジア市場が世界を席捲している。ただ、日本企業の行うこれらアジアの企業への技術移転に関する法的トラブルは、日米企業間におけるほど表面化していない。

その原因はどこにあるかといえば、正規のライセンス契約によるのではなく日本企業が半導体生産拠点をアジア諸国に移すなかで、その製造装置とともに技術ノウハウが移転してしまったからとの見方が成り立つ。

分野は違うが、新日鉄住金が韓国のポスコ社を相手取って、高性能鋼板の技術を不正取得したとして東京地方裁判所で訴えた事件は、日本企業を退職した元研究員らが技術を不当に韓国企業に流出させたのではないかが問題になっている（2014年11月1日現在係属中）。ポスコは、2012年11月、韓国において債務不存在確認訴訟を提起し、両国で訴訟が競合する状況になっている。

テーマ 8
外国公務員に対する贈賄事件①

■はじめに

　外国公務員に対する贈賄行為規制をするグローバルな規制は、OECD（経済協力開発機構）による「国際商取引における外国公務員に対する贈賄の防止に関する条約」制定（1997年）から始まったといってよい。米国は、1977年には、外国腐敗行為防止法（Foreign Corrupt Practices Act：FCPA）を制定し、米国以外の外国企業に対しても同法の域外適用をしてきたが、改めていま新興国における贈収賄が世界の関心を集めている。現地の法令に加え、米国法、英国法、日本法の域外適用があり得る点に日本企業としてはコンプライアンス上の課題を抱えることになった。

■1．「PCI事件」の概要

　本件は、日本のODA（政府開発援助）プロジェクトのコンサルタントであったPCIがベトナムにおけるプロジェクトに関連して、巨額の賄賂供与を約束し、日本の不正競争防止法違反で有罪となった事件である。
　事案は以下のとおりであった。

　PCI（パシフィックコンサルタンツインターナショナル）は、土木建築事業のマネジメント、コンサルティング業務等を目的とし、ベトナム社会主義

共和国ホーチミン市人民委員会東西ハイウェイ・水環境業務管理局発注に係るサイゴン東西ハイウェイ建設事業に関するコンサルティング契約を受注した。同事業については、日本政府が円借款事業の対象とする旨決定した。

被告会社の従業員である被告人ら（3名）は、これらの契約の受注にあたって、同事業に係る建設コンサルタントの選定、契約締結、契約代金支払等の契約履行、契約内容の変更等に関する権限を有していた外国公務員である東西ハイウェイ・水環境業務管理局局長に対し、契約の受注および受注後の業務遂行について有利な取り計らいをしてもらうことなどを意図して、2件のコンサルティング契約につきそれぞれ契約金額のうち予備費を除く金額の10％、11％に相当する現金供与を約束し、その後2回にわたり、合計82万米ドルを供与した。

東京地方裁判所は、平成21（2009）年1月29日判決を下し、以下のように述べて被告会社に罰金7,000万円、被告人3名にそれぞれ懲役「2年」、「1年6ヵ月」、および「1年8ヵ月」の執行猶予付有罪判決を下した（確定）。

① 60万米国ドル及び22万米国ドルの現金供与は、それ自体高額である上、S局長に対する合計約260万米国ドルという極めて高額な現金供与の約束に基づいて平成14年1月ころから行われた7回にわたる合計約243万2000米国ドルの現金供与の一環である。本件は、被告会社においてコンサルティング契約の受注等に際して外国公務員に現金を供与することが常態化していた中で、被告会社幹部の了承の下、外国公務員との連絡・交渉役、現金の準備・運搬役、現金の渡し役、経理の偽装役等の役割を分担するなど、巧妙に、組織的かつ計画的に行われたものである。本件犯行は、国際商取引における競争の公平性を害するだけでなく、被告人らは、贈賄額を見込んだ上で、契約代金を水増しするなどしたものであって、円借款事業である本件事業において競争阻害にとどまらない害悪を現実化したものと評することができる。さらに、本件が海外建設コンサルタントとして長年の実績を有していた被告会社によって行われ

たことからすれば、我が国の政府開発援助事業や海外コンサルタント業界に対する信頼をも損なうことになりかねない。このように、本件の結果は重いといわなければならない。加えて、外国公務員等に対する不正の利益の供与等を禁止することによって国際商取引における企業の公正な競争を確保し、国際商取引の健全な発展を促進しようという国際的な取組に照らせば、一般予防の見地からも本件をゆるがせにできない。
② 他方、本件を含むＳ局長への現金供与額が極めて高額になったのは同局長の法外な要求による面が大きいこと、Ｓ局長から現金支払の執拗な要求がある一方で、ベトナム側の事情による事務の遅滞や相次ぐ業務の変更等により、Ｓ局長の権限行使がなければ、実施済の業務に対する代金の支払を受けられない、あるいは追加変更契約の締結等がなされないという状況にあったことなどの事情があり、これらは、一定程度被告会社及び被告人らのために斟酌すべきである。
③ 被告会社では、平成15年ころから幹部らが不正競争防止法違反での摘発を免れるための贈賄スキームを検討し、贈賄及びその隠ぺいに利用するためのペーパーカンパニーや現地法人を外国に設立するなど、組織的に贈賄工作を行っていたものであり、本件はそのような被告会社の活動の発現ということができる。

　他方、被告会社は、本件により国際協力銀行から24か月間の円借款事業に関する受注失格という重い処分を受けたほか、本件を含む一連の不祥事によってその社会的信用を失い、40年間の業績を誇る海外事業から撤退を余儀なくされるなど相当の社会的制裁を受けたこと、被告会社としては法的・社会的責任を果たした後清算に向けた手続に入る予定であること、被告会社がこれまで長年にわたり厳しい環境の中での従業員らの懸命の努力によりアジア諸国の開発援助に多大なる貢献をしてきたことなどの事情が認められる。

　そこで、これらの事情を総合考慮して、被告会社に対しては、主文の刑

に処することとした。

判決は、被告会社（PCI）に、かなり厳しい内容になっている。とりわけ、「国際的な取組に照らせば……………本件をゆるがせにできない」としている部分は、明らかにOECD条約を意識したものということができる。

「外国公務員等に対する不正の利益の供与等の禁止」を定める不正競争防止法18条は、OECD条約を国内的に実施するため、平成10（1998）年の同法一部改正により追加された。同条約は、国際的な商取引における外国公務員への不正な利益の供与が、国際的な競争条件を歪めているとの認識のもと、これを防止することにより、国際的な商活動における公正な競争の確保を図ることを目的とする。

OECD条約1条が、国際商取引において商取引または他の不当な利益を取得しまた維持するために、外国公務員に対して金銭上の利益等を約束しまたは供与することなどを犯罪とすることを求めていることから、同法18条1項の違反は刑罰の対象とされており、両罰規定も設けられている。

本件は、日本人・日本企業が日本国外において行った行為について日本の法律を適用したもので、広義における「法の域外適用」である。刑法3条の規定する「国民の国外犯」と同様である。

対して、外国人が当該国の外において行った行為について当該国の法律を適用するのが、狭義における「法の域外適用」の場合である。刑法2条の規定する「すべての者の国外犯」がこれに当たる。

米国のFCPA（外国腐敗行為防止法）、英国のブライバリーアクトは、共に、刑法2条に近い形での「法の域外適用」を認めるものである。

■2．英国ブライバリーアクトの制定と域外適用

英国のブライバリーアクト（Bribery Act 2010。以下、「英国贈収賄法」と略す）は、2010年4月に制定、2011年7月1日から施行されている。同

法は、それまでの同国における贈収賄の処罰を強化しただけでなく「外国公務員に対する贈賄罪」（6条）および「企業が贈賄を防止できなかった罪」（7条）を加えた点に特徴がある。特に7条は、企業に贈賄を防止するための内部統制を要求しており、日本企業など英国以外の企業にも域外適用され得る。

英国贈収賄法は、贈収賄を防止できなかった罪を規定することによって、法令違反を防止するためのコンプライアンス体制の整備を日本企業にまで要求しかねない点が重要である。つまり、アジア新興国でよく見られるように現地法では合法とされ、あるいは見逃されてきた行為でも英国法のもとでは違法とされ、これを防止できなかったコンプライアンス体制の不備を糾弾され得る。

似たような法令の域外適用問題は、米国のFCPAや日本の不正競争防止法についても起こり得る。ここで強調しておきたいことは、グローバルなコンプライアンス体制を整備しようと思ったら、進出先の現地法令だけを念頭に置くのでは足りないという点である。グローバルルール形成の動きや第三国の法令の域外適用まで意識したコンプライアンス体制でなくてはならない。

もう少し詳しく述べるならば、英国贈収賄法7条は、「企業が贈収賄を防止しなかったこと（failure of commercial organisations to prevent bribery）」を処罰の対象にするが、これを裏返せば、英国法務省のガイダンスが明記しているとおり、企業がその従業員やエージェントに贈収賄を行わせないよう内部統制を整備していたと立証できれば処罰を免れ得る。

「見て見ぬふり」はもちろんいけないが、エージェントに対してどこまでの犯罪防止対応をすべきかについて、同ガイダンスは「事例研究」中でファシリテーション・ペイメントに関し、次のような示唆をしている。

ファシリテーション・ペイメントは、支払わないとのコンプライアンス上のポリシーをエージェントとその従業員に伝える、エージェントとの委託契約中に、エージェントがファシリテーション・ペイメントの要求の合法性に疑義を呈すべき旨や、エージェントがこれを要求する公務員に対し要求に従

うことは、エージェントを使う企業とともにエージェント自身も英国法のもとで罪を犯すことになると伝えるべき旨を書き加えるなどである。

結局、いかなる国・地域でファシリテーション・ペイメントなどを要求されても絶対に応じないとのコンプライアンス・ポリシーを確立する一方で、エージェントとの契約内容の見直しなどを着実に実行していくしかない。

英国法務省のガイダンスは、契約だけでなく適切な内部統制をどのような内容で整備すれば企業が英国贈収賄法7条のもとで責任を負わなくて済むかについて、具体的な指針を示している。

同ガイダンスによれば、同7条の犯罪主体となり得る企業は、「関連営利組織（relevant commercial organisation）」として、英国内で設立された会社や組合のほか、英国内で事業もしくはその一部を行っているあらゆる会社や組合を含むとされている。

「事業もしくはその一部を行っている」とはどのような場合を指すかについて英国法務省のガイダンスは、英国内で「業務上の目立った存在（demonstrable business presence）」を持たない営業組織は域外適用の対象にはならないであろうとする。また、株式をロンドン証券取引所に上場しているあるいは英国内に子会社を持つことそれ自体では、英国内で事業もしくはその一部を行っているとはいえないとしている。

次に、同7条の犯罪は「関連営利組織」の「関係者」（従業員、代理人、子会社を広く含む）が、組織のため業務または業務活動における便益を、獲得もしくは維持する意図をもって他者に贈賄を行う場合に成立する。しかしながら、同7条2項は、企業において関係者による犯罪行為を防止するために適切な方策（adequate procedures）をとっていたことを証明すれば責任を免れると規定する。

問題は「適切な方策」の具体的内容である。英国法務省のガイダンスは、方策をとり入れるにあたって検討すべき以下の6つの原則を掲げている。

> 第1．贈賄リスクなどに相応する手続（Proportionate procedures）
> 第2．経営トップの約束（Top-level commitment）
> 第3．リスクの評価（Risk assessment）
> 第4．相当なる注意（Due diligence）
> 第5．情報伝達（研修を含む）（Communication（including training））
> 第6．モニタリングと見直し（Monitoring and review）

　同ガイダンスは各原則ごとに細かいところまで解説を加えているが、方策内容をまとめるならば「文書化、記録化」になる。

　例えば、第1原則においては贈賄防止ポリシーの策定とこれを実行に移すための手続の重要性が強調されている。第2原則の「経営トップの約束」にしても、経営者が贈賄行為を認めないとする約束（commitment）の内容が文書化され、ネット上などで組織内外に発信されることが望ましいとされる。

　第4原則は、贈賄リスクを軽減するためにエージェントなど現地仲介者のデューデリジェンスをしっかり行うべきとする。その上で、そうしたエージェントなどがファシリテーション・ペイメントを含めた贈賄行為を行うことのないよう、契約書を作る、あるいはすでに締結された契約内容の変更を行うことを求める。

　英国法務省のガイダンスは、「6原則」に続けてそれら原則の適用を具体的事例に当てはめた「事例研究」を掲げている。11ある事例の最初のものは、ファシリテーション・ペイメントを扱っている。

　事例は次のようなものである。

　中堅企業A社は、外国Bにおいて新たな顧客を獲得したが、B国ではエージェントC社を使って事業を行っている。A社はB国に自社製品を輸出し新顧客の製造拠点まで搬入する必要があるが、「検査手数料（inspection fees）」名目で、通関手続上求められる検査証明書の発行をスムーズに進めるために、一定の支払を求められることがよくある。

テーマ8　外国公務員に対する贈賄事件①

　英国法務省ガイダンスは、このような場合にA社には以下の7点の対応が考えられるとする。

1．ファシリテーション・ペイメントは支払わないとするA社のコンプライアンス・ポリシーをエージェントC社とその従業員に伝える。
2．検査証明書と検査手数料に関して現地法律上の助言を求め、適正に支払うべき手数料と、偽装されたファシリテーション・ペイメントの要求を区別する。
3．プロジェクト企画段階において船積み、輸入、および配送などの手続の中にファシリテーション・ペイメントの正当性に疑義を唱え、かつ正当な要求を行う時間を含んだ現実的なタイムテーブルを作る。
4．エージェントC社に対し、ファシリテーション・ペイメントの要求に対して抵抗する方法、また関連する現地法、および英国贈収賄法について、その従業員に研修を行うことを要求する。
5．しかるべき場合に、エージェントC社およびその従業員に以下のような1つまたは複数の提案をするか契約条項の一部に含める。
　・支払要求の合法性について疑義を唱える。
　・領収書と要求する公務員の本人確認を要請する。
　・その公務員の上司に相談することを要請する。
　・（正当に支払われるべきではない場合に）「検査手数料」を現金でかつ直接に公務員へ支払うことを避けられないか試みる。
　・支払を要求している公務員へ、要求に従うことはA社にとって（そしておそらくエージェントC社も）英国法上の犯罪となることを伝える。
　・支払を要求している者へ、エージェントC社が英国大使館へ要求を伝えることが必要となるだろうと伝える。
6．エージェントC社と密接な連絡を保ち、解決法を提供するような現地での何らかの進展について常に情報を収集するとともに、エージェントC社がその現地の知識に基づいた独自の戦略を発展させることを促す。

> 7. 英国の外交チャンネルを用い、あるいは現地で活動する非政府組織へ参加し、B国の当局にファシリテーション・ペイメントの要求を止めさせるための行動をとるよう圧力をかける。

　この事例研究におけるA社を、日本の部品メーカーに置き換えてみるならば、新興国などで現実に日本企業が直面するリスクが浮かび上がってくる。

■3．日本企業の課題

　新興国・地域においては、進出企業が当局の許認可を必要とする場面が多い。そこに「人治」の要素が加わると、腐敗行為の「温床」になることが少なくない。

　新興国・地域では、近年、公共事業を巡って、日本企業と欧米企業の受注競争が激化しており、贈賄リスクが高まっている。ただ、現地の法規制はグローバル基準には達しておらず、「見て見ぬふり」に守られた悪しき慣行がいまだ横行する状況がある。

　これを見るに見かねたかのように英国や米国が自国の法律を域外適用する構えを示している現状がある。それにしても、なぜ、英国や米国がこうした「域外適用」に熱心なのかはよく考えてみる必要がある。

　刑法などの贈収賄罪の規定においては、個人を罰するのを原則とし、例外的に両罰規定を置いて法人も罰する。不正競争防止法18条についても同様である。ところが、概して英米法には、特に外国公務員に対する贈賄を組織犯罪として捉え、法人の処罰に力点を置く傾向がある。しかも処罰の対象は、法人による犯罪防止のための内部統制とし、この部分を域外適用しようとする。

　SOX（サーベンス・オクスリー）法の母国である米国のFCPAとその日本企業に対する域外適用事例の紹介は次のテーマで行うが、日本企業は英米の法律による内部統制要求と域外適用を念頭に置いたグローバル・コンプライ

アンス体制の構築を課題として突きつけられている。

コンプライアンス体制の中身としては、特に現地エージェントとの契約中における報酬規定の"透明性"確保がポイントになる。

ちなみに、経済産業省は「外国公務員贈賄防止指針」(2004.5.26付、2007.1.29改訂、2010.9.21改訂)を公表しており、海外事業活動に関連して、以下の対策を講じることとしている。特に海外エージェントなどとの契約で注意すべき事項を示した部分を含み、再発防止のためのコンプライアンス体制構築のポイントを衝いて以下のように述べている。

「国際商取引に関し代理店等を活用する場合には、外国公務員贈賄行為を行わないよう要請すること。あわせて、代理店費用を支払う際には贈賄費用が上乗せされないよう注意すること。また、代理店等との契約に際し、贈賄行為を行わない旨の規定等を盛り込んでおくこと。」

テーマ9 外国公務員に対する贈賄事件②

■はじめに

テーマ8と同様に「外国公務員に対する贈賄行為」がテーマだが、米国FCPA（The Foreign Corrupt Practices Act of 1977：外国腐敗行為防止法）の日本企業に対する域外適用事件を取り上げる。

■1．FCPAの制定経緯と内容

FCPAは、ロッキード事件（1976年）の翌年である1977年に制定された。当時、同事件をはじめとして米企業の米国外での不祥事が発生し、これに広義の域外適用で対処するための法律として作られたとの経緯があった。

ただ、近時、同法は、日本企業による米国外での違反行為に対しても狭義の域外適用がなされている。テーマ8で取り上げた英国ブライバリーアクト同様、というより同法のいわばモデルとなったFCPAのもとでのグローバル・コンプライアンス体制の構築が日本企業の課題である。FCPAは、OECD（経済協力開発機構）による「国際商取引における外国公務員に対する贈賄の防止に関する条約」（1977年）のモデルにもなったとされる。

FCPAは、贈賄禁止条項と会計処理条項の2つからなる。贈賄禁止がこの法律の目的ではあるが、その実効性をもたせるため、賄賂用の裏金づくりか

ら規制しているのが特徴である。

　そのため、これら2条項は適用される「範囲」が大きく異なる。すなわち、贈賄禁止条項は、米国内で事業活動を行う法人、個人に広く適用され、外国公務員や外国政府関係者に対して不正な行為をすること、または、取引の獲得・維持のため有価物の支払もしくはその申し出を、電話、電子メールなどの通信手段や航空機などの交通手段を利用して行うことを禁ずる。

　一方、会計処理条項は米国の証券取引所に証券を上場する企業にしか適用されない。本条項は、さらに2つに分かれる。1つは、「帳簿・記録規定（Books and Records Provisions）」で、取引や資産の処分を、相当な程度詳細、正確かつ公正に反映する帳簿、記録、勘定（書）を作成、保存することを求める。他の1つは、「内部統制規定（Internal Control Provisions）」であり、適切な会計面での内部統制システムを構築・維持することを求める。

　贈賄禁止条項と会計処理条項の間で、後者が前者に従たる補完的規定かというと必ずしもそうではない。適用対象や違反行為の成立要件も異なるし、罰則は、会計処理条項違反の場合のほうが重くなっている。特に1934年証券取引所法の規制を受けるADR（米国預託証券）に代表されるような証券を米国において発行している企業には、会計処理条項が「帳簿と記録（類）」の作成を義務づけている点に注意をしなくてはならない。

　会計処理条項が恐れられているのは、そのカバーする範囲が極めて広いことである。贈賄行為と関係なく、民間企業との米国内取引にも適用され、贈賄禁止条項違反行為に関する記録のみが対象になるわけではない。同条項が初めて適用されたケースの1つであるプレイボーイ・エンタープライゼス社事件の場合、当時CEO（最高経営責任者）であったヒュー・ヘフナー氏が使用した経費を正確に記録していなかったことによるもので、外国公務員に対する贈賄とは直接関係はなかった。

　会計処理条項は、米国における証券発行会社だけではなく、その子会社・関連会社においても「帳簿と記録」を徹底し、グループにおける適切な「内部会計統制（Internal Accounting Controls）」を設置、維持しなければなら

ないとする。

　米国司法省は、FCPAを積極的に適用する姿勢を示してきた。日本はOECDの条約に同調して国内法を制定したが、海外汚職問題への取組みが甘いとして2004年と2006年の2度是正勧告を受けている。日本政府は2007年3月にレポートを提出したが、OECDは満足せずさらなる改善を求めた。

　FCPAの企業への適用事件はこれまで数多く報告されている。法人によるFCPA違反事件は、そのほとんどが本格審理（陪審員によるトライアル）に至る前に和解で終結しているが、和解金額の多い順に並べると以下のとおりである。いかに米国以外の企業に対する適用が多いかがわかる。

1．Siemens（独、2008年）8億ドル
2．KBR/Halliburton（米、2009年）5億7,900万ドル
3．BAE Systems（英、2010年）4億ドル
4．ENI/Snamprogetti（伊／蘭、2010年）3億6,500万ドル
5．Technip（仏、2010年）3億3,800万ドル
6．日揮（日、2011年）2億1,880万ドル
7．Daimler（独、2010年）1億8,500万ドル
8．Alcatel-Lucent（仏、2010年）1億3,700万ドル
9．Panalpina（スイス、2010年）8,180万ドル
10．Johnson&Johnson（米、2011年）7,000万ドル

■2．日本企業に対するFCPA域外適用事件

(1) 日揮事件

　日揮株式会社は、2011年4月、ナイジェリアのプラントプロジェクトの受注に関し、FCPA違反の疑いをかけられ刑事訴追を受けていた事件で、

２億1,880万ドルの罰金を支払うことに同意した。

このプロジェクトは、日揮、米企業、仏企業、オランダ企業の合計４社の合弁（TSKJ joint venture）によって行われた。米司法省の広報局による2011年４月６日付文書（Justice News）には、同省刑事部の主席司法副長官補佐の次のようなコメントを載せている。

> 本日の決定（resolution）をもってTSKJ合弁の４社、米合弁パートナーの元会長およびその他数名の個人は、有利な建設契約を獲得するためにナイジェリア政府役人への大規模な贈賄の共謀に加担した責任を負う。
>
> 合弁のメンバーに科された約15億ドルの刑事及び民事の制裁金は、共謀による利益をはるかに上回る。海外での贈賄は重大な犯罪行為であり、この事件が明らかにするように、われわれは厳しく捜査をし訴追をしていく。

司法省の文書は、次のような事実関係も明らかにしている。

裁判記録によれば、日揮は合弁企業がジェフリー・テスラーと日本の商社をエージェントとして雇い、合弁企業が調達・建設契約を獲得するのを助けるためにナイジェリア政府の役人に賄賂を贈る権限を与えた。合弁企業は、テスラー氏をナイジェリア政府高官への賄賂を支払う件のコンサルタントとして、日本の商社をナイジェリアの下級役人への賄賂を支払う仲介者として雇い入れた。

本件刑事事件についての「和解」は、２年間司法省が起訴を猶予するとの起訴猶予合意（deferred prosecution agreement）を内容としていた。日揮はその中で、２年間、同社のコンプライアンス・プログラムを設計、実行し、一定基準の充足を確保するべくコンプライアンス・プログラムを高め、かつ進行中の捜査につき司法省に協力するためにコンプライアンスのコンサルタントを雇い入れることに同意した。

(2) ブリヂストン事件

2011年9月16日、株式会社ブリヂストンは、米司法省の捜査を受けていたマリンホースの販売に関する国際カルテル容疑事件、および工業用品の販売に関する中南米における海外エージェントを通じた現地公務員に対する不適切な支払に関し、司法省と有罪答弁（guilty plea）の合意をしたと発表した。和解金額は、2件分で2,800万ドルであった。

米司法省の公表文書（2011年9月15日）は、FCPA違反の件につき次のように述べている。

> ブリヂストンは、マリンホースの売上げを確保するために、国有企業で働く外国政府公務員に贈賄することを認めた。同社の現地販売エージェントは国有企業の売上高の何パーセントかを公務員に支払うことを約束しており、実際に販売が行われた場合、通常のコミッションに加え、贈賄の支払に応じた「コミッション」を同社がその販売エージェントに支払うことにしていた。

FCPA贈賄禁止条項は、米国内での違反行為にしか適用されないが、司法省はブリヂストンが本件贈賄に関し米現地法人の職員に対してメールやファクスを送付していたことを、FCPAの「域外適用」の根拠としている。

米国反トラスト法に違反したカルテルに対する法人の罰金額上限は1億ドル、FCPAの贈賄禁止条項違反に対する罰金額上限は200万ドルであるが、ブリヂストンによる捜査協力および広汎な再発防止策の採用を理由に、罰金額の大幅な減額がなされた。

■3．FCPAの執行に関するガイドラインの公表

2012年11月14日、米司法省（DOJ）と米証券取引委員会（SEC）は、共同で、FCPAの執行に関するガイドライン（A Resource Guide to the U.S.

Foreign Corrupt Practices Act）を発表した。同ガイドラインは、全10章からなり、FCPAの法文などの付属書類（Appendix）を入れると120頁に及ぶ。内容としては、事例形式やQ&A形式によってできるだけ具体的なFCPAの解釈指針を示そうとしている。

 とりわけ、第５章「執行の指針（Guiding Principles of Enforcement）」には、DOJとSECがどのような基準でもってFCPA違反に対する執行措置を始め、終了させるかが述べられている。その中で、両機関が訴追をすべきかどうかを判断するにあたっては、コンプライアンス・プログラムの有無を重視するとしており、以下のような効果的な同プログラムの各要素とその解説を掲げている。

１．経営陣によるコミットメントおよび反腐敗行為の明確なポリシー
２．行動規範およびコンプライアンスの方針および手続
３．監視、自律、および資源
４．リスク評価
５．研修および継続的助言
６．インセンティブおよび懲戒制度
７．第三者に関するデューデリジェンスと支払
８．秘密を守った上での通報および内部調査
９．継続的改善：定期的検証および見直し
10．企業買収：買収前デューデリジェンスと買収後の統合

 ガイドラインは、英国ブライバリーアクトが処罰の対象にしているファシリテーション・ペイメントにつき、例外的に許容する従前の考え方に従っている。だが、手続の円滑化のために支払われたように見えても、例外には当たらないとされた事例を紹介するなど、従前よりは執行基準を厳しくする姿勢を示し、かつ、FCPA違反にはならなかったとしても英国法に違反する可

能性がある点を指摘している。

　さらに重要なのは、ガイドラインが「第三者の利用」について、外国公務員以外のエージェントやコンサルタントへの金品の支払であっても、それが直接、間接に外国公務員の手に渡るであろうことを知って行われる場合には違反行為に当たるとしている点である。

■おわりに

　FCPAに関しては、近時、DOJによるFCPAの執行、特に外国企業に対する適用にやや強引な面があるのではないかとの指摘が、具体的な事件を通じても行われてきた。

　上述した日本企業2社に対する贈賄禁止条項適用事例にしても、米国内での違反行為の認定に無理があることは否定できない。日揮の場合、訴追の根拠は米企業との「共謀（conspiracy）」に求められているし、ブリヂストンの場合は、日本の親会社と米現地法人間のメールやファクスのやり取りを根拠にしている。

　DOJがSECと共同でガイドラインを出したのも、FCPAの解釈、適用が恣意的に近く行われているとの批判に応える意味があったとみられる。ガイドラインによって、今後、FCPAの解釈、執行の基準が明確化されていくよう期待されるのであるが、日本企業として注意しなくてはならないのはFCPAの会計処理条項、とりわけその中の内部統制規定違反である。

　外国企業による外国公務員に対する贈賄行為の摘発に熱心なのは、奇しくも英米法の国である英国、米国である。これら両国がこの関連で作った法は、共に狭義の域外適用を許す内容をもつ。それだけではなく、両国ともそれぞれの国内法の解釈、適用基準を明確にするための「ガイダンス」、「ガイドライン」を公表しており、贈賄行為を防止するための内部統制やコンプライアンス体制の重要性を強調している。

　これを偶然の一致に近いと見るよりは、テーマ8にも書いたように英米共

通の考え方に起因すると見るほうが当たっているであろう。日本企業としては、英米流の内部統制の各論的な法的要求に対応したグローバルコンプライアンス体制の構築に力を入れていくべきである。

　地域として今後特に気をつける必要があるのが中国である。FCPA違反でこれまでで最高の罰金額を支払ったシーメンスの場合、中国その他の国でFCPAの会計処理条項違反があったことを認めた。中国では子会社と共に医療機器の販売に関し国営の病院の医師に対し、米国内の観光地への「研究旅行」に招待したことが問題視された。

　中国のビジネス社会では2つの意味の「人治」が賄賂問題の「温床」となってきた。1つは、さまざまな局面で外資企業に求められる許認可行政における「法治」への移行が十分ではなく、担当者によって許認可の基準が異なりがちな点である。

　他の1つは、「グァンシー（Guanxi）」と呼ばれる独特の人脈関係が重視される点である。この語は人間関係を広く表す語でもあるが、ビジネスの世界では、信頼できるパートナーから紹介された人や企業との間でグァンシーをもとにして取引の輪が広がっていく。

　中国は、いま国家をあげて腐敗行為の規制に力を入れている。2005年12月には国連腐敗防止条約を批准し、この頃から国内における商業賄賂規制を強めてきた。商業賄賂は、公務に対してだけでなく民間人（企業）にも適用される点に注意が必要になる。

　なお、米国のDOJとSECのガイドラインには、「子会社に違反行為があった場合の親会社の責任」を扱った部分がある。すなわち、親会社は、①子会社のFCPA違反行為に直接関与した場合、および②子会社が親会社のエージェントと認められる場合に責任を負うべきとしている。

　テーマ8では日本の不正競争防止法の域外適用事例、テーマ9は米国FCPAの域外適用事例を取り上げた。日本企業には、今後この分野で日本法、

現地法、および米、英などの第三国法の適用を意識した、いわば三重のコンプライアンスが求められているのであり、日本親会社を中心にしたグローバルハブ法務の展開が特に有効である。

図表3　グローバルハブ法務のイメージ

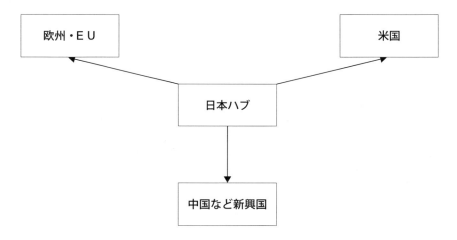

テーマ 10
敵対的買収

■はじめに

　2013年5月頃、2件の日本企業が関わる国際的企業買収案件が注目すべき展開を見せていた。1つは、ソフトバンクによる米携帯電話会社スプリント・ネクステル（以下、「スプリント」と略す）の買収案件であり、他の1つは、西武ホールディングスの32％の株式を保有する米投資ファンドのサーベラスによる同社株の公開買い付け（TOB）案件である。

　ソフトバンクは、2012年10月15日にスプリントの株式70％を201億米ドルで買い取り、同社の買収を発表したが、2013年4月15日、米衛星放送会社ディッシュ・ネットワーク（以下、「ディッシュ」と略す）がスプリントに255億米ドルで対抗買収を提案したと発表し、スプリントを巡る買収合戦の様相を呈した。

　一方、西武ホールディングス株についてのTOBは、最終的に同社の支配権を取得し買収することを目的とするものかどうかは不明であるが、敵対的なTOBと考えられる。西武側の経営陣がこのTOBに反対の意見を新聞に掲載し、「この行為［TOBなど］は、サーベラス・グループによる当社の経営を支配することを目的としているものと考えられます。……………当社をご支援いただける株主の皆様におかれましては、くれぐれも公開買付けに応募されることのないよう、……………お願い申し上げます。」と明言しているからである。

企業買収を友好的と敵対的に分けるやり方は、米国から生じたといってよい。友好的か敵対的かを何を基準に決めるかといえば、対象会社（ターゲット）の経営陣の判断による。ソフトバンクとスプリントの争奪戦を繰り広げようとしているディッシュは、買収の提案をスプリントの経営陣に対して行ったが、スプリントは2013年４月15日、買収提案を受けたことを認めた上で、「取締役会は提案内容を慎重に検討する」との声明を発表した（2013年４月16日付日本経済新聞）。

　この時点で、すでにスプリントの経営陣との間で買収を合意していたソフトバンクは、友好的買収者である。スプリントがこの合意を撤回し、ディッシュの買収提案に応じることに翻意すれば、一転して敵対的買収者になってしまうかもしれなかった。

　近時は、日本でも敵対的買収事例がめずらしくなくなったが、日本における国際的敵対的企業買収の歴史を振り返ってみたい。

■１．日本における「乗っ取り」事例

　買収対象企業の経営陣が抵抗する、あるいはその抵抗が予想される状況下で、無理やり買収を強行しようとするには、株式を買い集める以外にはない。吸収合併や事業譲渡によるときは、いずれも対象企業との契約になるので、現経営陣が反対したままでの買収はありえないからである。

　日本でも、敵対的企業買収の言葉が使われるようになるかなり前から会社の「乗っ取り」事例はあった。古くは白木屋事件があったし、より近くでは誠備グループによる宮地鐵工所株の買占め事件などがよく知られている。これらの事件は国内案件であるが、日本企業に対する国際的な敵対的企業買収案件となると、次に紹介する「ピケンズ対小糸製作所事件」がほぼ最初になる。

　本事件については、事実関係を詳しく述べた書籍が出ているし、法律論を含めて検討した論文などの資料も多い。それらをもとにしながら、本事件の

簡単な経緯と日本におけるM＆A史に占める位置づけを考えてみたい。

　1989年3月末、株式会社小糸製作所の株式が上場以来の最高値（5,470円）をつけた後、米国ブーン・カンパニーの代表者であるブーン・ピケンズ氏が同社の発行済株式の20.2％に当たる3,240万株を取得し、名義書換を経て同社の筆頭株主になった。その上で、同年4月、ピケンズ氏は小糸の社長との会談の場で、「役員を派遣して積極的に経営に参加し貢献したい」と申し入れたが、小糸側は「大株主が役員を送り込む慣行はない」と申し入れを拒絶したという。

　小糸側としては、はたしてピケンズ氏が、そのいうとおり「安定株主として経営参加する」ことを望んでいるのか、それとも単なる利ザヤ稼ぎなのかを判断しかねたものと思われる。というのも、ピケンズ氏は、米経済界では、いわゆるグリーンメイラー（greenmailer）として知られた存在だったからである。

　greenmailという英語は、blackmail「ゆすり、恐喝」と、「お金」を表わすgreenを組み合わせた造語である。グリーンメイラーは、買い集めた株式をもとに、株価が上がった頃合いを見て、買収のおどしをかけ、その会社に株式を高く買い取らせて利ザヤを得ようとする。

　ピケンズ氏は、1989年6月29日に開かれた小糸の定時株主総会に自ら出席し、長時間にわたって演説を行い、トヨタ自動車から派遣されているのと同じ3名の取締役の選任を提案したが否決された。同年9月、ブーン・カンパニーは同社の持株比率が22.6％になったと発表した。持株比率はその後も増え最終的には26％に達した。その頃、株主が軽視されているとして中間配当の増額を要求したが、小糸の同年11月の決算取締役会は、設備投資のほうが長期的に株主や会社のためになるとの理由で拒否した。

　1990年6月の定時株主総会においてもピケンズ氏は、米国人役員4名の選任、配当の増額、製品価格の設定基準の開示など7項目の要求を突きつけたがすべて否決された。その頃、ピケンズ氏は、支持を訴える書簡数通を同

社の株主に送付したが、同年10月6日付の書簡は次のように述べていた。

> 「皮肉なことに、日本の会社は、このようなシステム（株式の相互持ち合い）にしがみつき自らを防御しながら、その返す刀で海外市場に積極的にその手を広げようとしております。ちょうど1週間前ソニーが合計6億ドルにもわたる2つの企業買収をアメリカ合衆国において行うと発表したばかりであります。ところが一方において日経産業新聞は、ソニーは初めて外国人を取締役に入れることになったと伝えております。その同じ記事において、日本の会社はわずか3パーセントが外国人を取締役に迎えているにすぎないが、北米では21パーセント、ヨーロッパでは34パーセント、日本を除くアジアでは41パーセントの会社が外国人を取締役に迎えていると伝えています。このように日本が他の国に比べて外国人取締役が極端に少ないということは日本の会社システムというものが対外的に閉鎖されているという状況を雄弁に物語るものであるといえます。小糸製作所の取締役会における議席を得たいという私の継続的な努力に対して支持をして下さるようお願い致します。」
>
> （「商事法務」1989年10月25日号より）

　この間、ピケンズ氏は、日本の企業社会の閉鎖性を訴えつづけ、当時行われていた日米構造問題協議とも絡め政治問題化しようと試みた。

　この事件の根底には、日米における企業文化とガバナンス構造の違いが横たわっている。会社は誰のものか、と言われれば、日本、米国いずれの法律のもとでも、株主のものというのが正しい。しかし、日本では、会社は、実質的に経営陣あるいは従業員のものであり、株主といっても、いわゆる安定株主の意向が極めて大きくはたらく。そこで、特に累積投票制の定款による排除が認められている日本においては（〔旧〕商法265条ノ3、会社法342条）、筆頭株主であろうと、1人の取締役も取締役会に送り込めないといったことが起こり得る。

ピケンズ氏側の要求・提案を拒んだ小糸製作所の株主総会決議は、適法なものであったが、ピケンズ氏は、「持株比率20％を超す筆頭株主が1人の取締役も取締役会に送り込めず、その意思が会社経営に反映されないのはアンフェアだ」と主張した。発行済株式総数の20％以上を保有する筆頭株主が1人の取締役も送り込めないのはなぜかといえば、日本的な独特の取締役会を生みだす「制度的障壁」があったからである。

小糸製作所の取締役会のメンバーが、多数派のみによって占められてしまったのは、議決に際して累積投票制がとられていなかったからである。累積投票制は、株主が1株について、選任する取締役の数と同数の議決権を与えられ、これを1人に集中投票しても数人に分散して投票してもよいとする制度である。少数派であっても、少ない数の自分たちの推す候補者に投票を集中すれば、これを選出させることが可能になる。

累積投票制は、少数株主を保護するための制度として、昭和25（1950）年の商法改正によって、米国の州会社法にならって導入されたが、この制度は、取締役会に党派的対立をもちこみ、会社業務の運営を阻害する危険が大きいことが指摘されてきた。そのため、昭和49（1974）年の商法改正では、定款によって累積投票制度を排除できるように変えられた。以後、ほとんどの株式会社が、定款によってこの累積投票制度を排除している。制度は事実上葬り去られたのと等しい状態になっている。

株主の論理をふりかざして挑んだピケンズ氏は、日本的企業風土そのものを問題としていたと捉えることができる。ピケンズ氏側の論理は、株主の権利に基づく「正論」である。米国には、敵対的M＆A擁護論がある。それは、経営陣の経営ミスや経営手腕のまずさによって株価と企業価値に乖離が生じたときは、敵対的にでもこれを追い出して、会社を株主の利益に奉仕するための本来の姿にとり戻すことが可能でなければならず、そのためには、敵対的M＆Aが必要である、という考え方である。

ピケンズ氏のケースは、敵対的M＆Aを、「正しい側」の論理の行使とし

て行い、それが日米間の企業風土の違いを際立たせる結果にもなった。

■2.「敵対的M&A文化」の定着

　ピケンズ氏側からの買収攻勢に対し守勢一方に回っていた小糸側であったが、1990年12月、当時の証券取引法が改正され、いわゆる5％ルールが施行になったことで攻守所を変えた。同ルールは、上場会社の発行済株式総数の5％以上を実質保有する大量保有者に、大量保有者となってから5日以内に大量保有報告書の提出を義務づけた。

　その結果、ブーン・カンパニーも大量保有報告書を提出することになったが、そのなかで麻布建物から株式購入資金を借り入れ、担保として株式すべてを同社に質入れしていたことを開示した。すなわち、小糸株の実質的な保有者は麻布建物であり、ブーン・カンパニーは真の株主でなかったことが明らかにされたのである。

　そこで、ピケンズ氏側の主張は一気に説得力を失うに至り、1991年4月28日、ピケンズ氏はワシントン・ポスト紙に撤退を宣言し、同年6月には麻布建物がブーン・カンパニーから小糸株のすべてを買い戻した。これにより、麻布建物はすでに保有していた分と合わせて小糸の全株式の31.63％を保有するに至った。だが、同社は当時経営不振の状態にあったため、結局、信託銀行が担保としていた株式のほとんどを銀行名義に書き換えた上で処分した。

　小糸は、敵対的買収からの「防衛」に成功したのであるが、日本企業に対する初めての敵対的企業買収案件としてはあまり良い結末だったとはいえない。それは、「敵」か「味方」かは買収対象会社の経営陣が決めるのであるが、真に企業価値を高めるために経営陣に退陣を迫る形の「良い」敵対的買収ではなかったからである。

　株式の大量保有報告書で明らかになったように、実質的な買収者はブーン

社ではなく、麻布建物であり、株式買い集めの狙いは、小糸側に株式を高値で買い戻させることにあった。その狙いを達成するために、日本の企業社会におけるケイレツ（系列）を批判する外国企業を形の上で買収者に仕立て上げ、前面に押し出す作戦がとられた可能性がある。

ピケンズ氏がグリーンメイラーであったこともあり、外国資本による日本企業の買収に対する日本人のアレルギーを増幅させたことは確かである。また、本件は実質的には日本企業間で昔から繰り返されてきた国内での乗っ取りと変わらないとなると、そもそも本書の対象から外さなくてはいけない。

■おわりに

米国の企業社会には、敵対的買収擁護論が根強くある。「敵対的」の言葉には、好戦的でネガティブな響きがあるが、株主の立場から企業価値を高めるための止むに止まれぬ緊急避難的行動が敵対的企業買収であるとみれば受け入れられる。米国においては株主による「敵対的」チャレンジを認めることで企業社会のダイナミズムにつながるとする意見が多い。

一方、「不幸な」先例で終わったピケンズ対小糸事件から10年以上経った頃から日本国内での敵対的企業買収案件が目立つようになった。ただ、その内容は、健全な企業社会を象徴するというよりは、どこか「歪んだ」ものになってしまった気がしてならない。ライブドアによるニッポン放送株式大量取得事件（2005年）や、いわゆる村上ファンドによる東京スタイル委任状合戦（2002年）などが代表例であるが、いずれも国内事例なので詳述はしない。

ただ、2007年にスチール・パートナーズ・ジャパン（SPJ）がブルドックソースの株式につき敵対的TOBを行い、条件付新株予約権の無償割当てによる防衛が試みられた件は、外資系投資ファンドによる事例であり、ここで紹介しておく。

本件でブルドックソースが導入した買収防衛策は、基準日（2007年7月10日）の株主に対して、株式1株に付き3個の割合で新株予約権を無償で割り当てるが、SPJは「非適格者」として新株予約権を行使することができない旨の行使条件を付け、さらにSPJ以外の株主に対しては、新株予約権取得の対価として株式を交付するが、SPJに対しては株式ではなく金銭（SPJによるTOBの当初公開買付価格に新株予約権無償割当てによって見込まれる希釈化の割合として4分の1を乗じた価格）を交付する旨の取得条項を付けるとの内容であった。

　この買収防衛策は、2007年6月24日、総議決権の約94％を有する株主が出席したブルドックの定時株主総会において、出席株主の議決権の88.7％の賛成によって承認可決された。

　SPJは、会社法247条の類推適用を根拠に新株予約権無償割当てを仮に差止めることを申し立てたが、東京地方裁判所はこれを却下、即時抗告がなされ東京高等裁判所はこれを棄却した。SPJは、特別抗告および許可抗告を行い、東京高裁はSPJの抗告を許可し審理されたが、最高裁判所は許可抗告を棄却、差止めも認めなかった。

　最高裁は、新株予約権無償割当てに株主平等原則が及ぶとしつつ、圧倒的多数の株主の賛成によって導入された本件買収防衛策は、対象会社の企業価値と株主共同の利益の毀損防止を目的とする正当な目的、相当性を有するとして、株主平等原則に違反せず、また、著しく不公正な発行にも該当しないとした（最決＜二小＞平成19年8月7日）。敵対的買収防衛策の適法性についての最高裁として初の判断となった。

テーマ 11
TOB合戦

■はじめに

　テーマ10の冒頭において、ソフトバンクによる米携帯電話会社スプリント・ネクステルの買収案件を紹介した。2013年4月半ばには、米衛星放送会社のディッシュ・ネットワークが名乗りを上げ、対抗買収条件を提案したところまでであった。その後、スプリント社の取締役会は特別委員会を設置してディッシュの買収提案を慎重に検討すると発表、ソフトバンクとディッシュのにらみ合いが続いた。

　このように複数の候補者が1つの対象会社を買収しようと競合する場合、対象会社の現経営陣から買収に反対の意思表示をされた候補者は敵対的買収者となる。敵対的買収者が現経営陣の意向に反しても買収を成功させる手段は残されている。対象会社の株主に働きかけ支配権を得るまでその株式を取得することである。特に、不特定に近い多数の株主がいる上場企業などの場合は、株式公開買付け（TOB、take-over bid）を行うことによって、一気に大量の株式を取得することができる。

　これもテーマ10で紹介した西武ホールディングス株式についての米投資会社サーベラスによるTOBは、西武側でTOBに応じないよう株主に呼びかけている点で、明らかに敵対的TOBであった。ただし、サーベラスが最終的に支配権を取得することを目的とするかどうかは不明なので、敵対的買収者とは言わないでおく。

テーマ11では、日本企業が「TOB合戦」を闘い抜いて外国企業を買収した事例を通じて、クロスボーダーM&Aの歴史を振り返る。

■1．大日本インキによる米ポリクローム社の買収

大日本インキ（現DIC株式会社）は、米ニューヨーク州の印刷材料メーカーであるポリクローム社を、1979年3月、在米子会社を通じて買収した。株式の買取りによる支配権取得であったが、仏大手化学メーカー、ローヌ・プーラン（以下、「ローヌ社」と略す）とのTOB合戦を勝ち抜いた末であった。

当時、ローヌ社は、ポリクローム社の株式を40％保有する筆頭株主であった。DICはポリクローム社を買収したいと考え、ローヌ社から持株を譲り受けるための折衝を続け、その話が一旦はまとまりかけた。ところが、ローヌ社は突然態度を変え、同年2月20日、1株17ドル25セントの買付価格でTOBを行った。

DICは、対抗して在米子会社によって同年同月23日、1株21ドルでTOBを行った。ローヌ社は、2月24日、買付価格を22ドルに引き上げたため、DIC側も同日25ドルに引き上げて応じた。典型的なTOB合戦になったが、ポリクローム社の経営陣はDICによる買収に同意していたので、DIC側のTOBは友好的TOBであった。

その後ローヌ社はDICのTOBを阻止するための訴訟を連邦地方裁判所に提起したが、DICが買付価格を1株当たり26ドルに上げたところで両者和解に達し、ローヌ社は保有株式のすべてを売り渡すことになった。

DICが競り勝った形にはなったが、ウォール街に老練なローヌ社の「作戦勝ち」だったとの評判が立ったことも確かである。ローヌ社は、ポリクローム社の株式を売却する方針をTOBをかける前から固めていたが、その価格をつり上げるためにDICとのTOB合戦に持ち込んだというのである。真偽を確かめることは難しいとはいえ、他の類似案件を見ても十分にあり得ることであったと言わなくてはならない。

クロスボーダーM＆Aに限らず、企業買収における最大の失敗原因は、「高すぎる買物」である。この点は昔も今も変わらない。ただ、実際に高すぎたかどうかは、買収対象会社を買収者がどれだけ生かせるかにかかっている。いわゆるポストマージャー（吸収合併など企業統合後）の融合課題などを乗り越え、さらにその先の統合効果を発揮、享受できるところまでいくかどうかは、5年、10年単位で考えないと判断できない問題である。

本件TOBが行われた当時、筆者はウォール街の法律事務所に研修を兼ねて勤務していた。その事務所は直接事件に関与していなかったが、M＆Aチームの弁護士の意見も聞きながら資料を集め、「米国企業に対する外国企業によるテイクオーバー〜テンダー・オファーとディスクロージャー〜」と題する論文を、石角完爾弁護士と共同執筆した（「国際商事法務」Vol.7、426頁以下）。

米国で上場企業などの株式に公開買付けをしようとすれば、一定事項につき連邦証券取引委員会（SEC）に対する情報開示が求められる。同様の情報開示要求制度は、日本にも1971年の旧証券取引法の改正で導入され、金融商品取引法に引き継がれている。ちなみに米国では、株式等の公開買付けのことをテンダー・オファーと称する。

■2．ブリヂストンによる米ファイアストン社の買収

1988年、ブリヂストンは当時米国第2位の自動車用タイヤメーカーであったファイアストン・タイヤ・アンド・ラバー社（以下、「ファイアストン」と略す）を買収した。この買収は、最終的にイタリアのタイヤメーカー、ピレリとのTOB合戦を勝ち抜いて達成されたものであるが、ブリヂストンは当初からTOBを行うつもりはなく、ピレリから先にTOBを仕掛けた。

友好的か敵対的かの違いでいえば、ファイアストンの経営陣はブリヂストンに買収されることに賛成していたので、ブリヂストンによるTOBは友好的なものであった。

当時、ファイアストンは1980年代半ばに入り、採算が悪化していたタイヤ事業を分離し売却することで、ブリヂストン、ピレリを含む6社近くの企業と交渉を進めていた。1988年2月半ば、同社は、タイヤ事業を分離し、ブリヂストンが75％出資する合弁会社を設立する計画をまとめかけた。

　ところが、同年3月7日、ピレリが1株58ドル、総額19億ドル弱でファイアストンの株式を買い付ける内容のTOBを開始したことで、状況が一変した。ブリヂストンは、合弁による事実上のタイヤ事業買収からファイアストンの全面買収へと方針を転換したからである。ブリヂストンは、ピレリが提示した買付条件を大幅に上回る1株80ドルによるTOBを開始すると発表した。これと併行してブリヂストンは、ファイアストンから自社株580万株を買い取る合意をして、ファイアストン取締役会の承認を得ないで買収を敵対的に進めようとしていたピレリとは異なる、「合意に沿った」友好的買収の試みであることを強調した。

　ピレリが対抗して1株80ドルをさらに上回る条件でTOBを行うのではないかとの観測も流れたが、ブリヂストン側のTOBがファイアストンの首脳も認めるものとなったため、不利な状況に陥り、結局、同年3月中旬、本買収合戦からの「撤退」を余儀なくされた。

　前後して、ブリヂストンによる「勝利」が決まったが、同社によるTOBは、同年3月下旬に始まり、同年4月26日に成立した。当時、本件は、「高すぎる買物」ではなかったかとの評判が立ったことは確かである。

　時系列で振り返ると、1988年2月中旬、ブリヂストンが合弁方式により7億5,000万ドルで実質的に買収することで合意したが、同年3月上旬にピレリが1株58ドルでTOBを仕掛けたことでこの計画は取り止めになり、結局、1株80ドル、総額26億ドルのTOBによる全面買収になった。単純にみればブリヂストンによる買収資金額は、当初計画の3.5倍になっている。

　本件買収が「高い買物」になったかどうかは、買収後にどれだけブリヂストンがファイアストンを「活用」できたかによる。現時点でブリヂストンは、ミシュラン、グッドイヤーを抜き世界一のタイヤメーカーの座を確かなもの

にしている。

　本稿のテーマとの関連でいうと、ピレリによるTOBは、「売値をつり上げるためにファイアストンとピレリが裏で手を結んだ芝居だった」とのうがった憶測があったという（1988年4月4日付日経産業新聞）。

　ただ、そうした虚々実々の駆け引きもあり得るのが、国際「TOB合戦」と言わなくてはならない。そのため、TOBを行うにあたっては、一定の事項についてディスクロージャーを行わなければならないこととされている。

■3．TOBに求められるディスクロージャー

　TOBは、日本の金融商品取引法では「株式等の公開買付け」と称されているように、対象会社の多数株主に対し、広く新聞公告等で通常は市場価格を上回る価格で買い取る旨のオファーがなされる。その際競合して同じ対象株式についてTOBが行われると、上に見たようにTOBのかけ合いになって、買付価格のつり上げ競争に発展することが少なくない。

　「TOB合戦」の渦中に置かれた株主とすれば、会社の経営権が移るか否か、それに関連して株主としての地位を保持し続けるべきか否か、株式を手放すにしてもいくらで売ったらよいかといった投資判断に迷うことになる。

　そこで、株主が十分な情報をもとに冷静に判断し行動できるよう、買付者に一定事項のディスクロージャーを法令が義務づけることにした。代表的な法制は米国法に見ることができる。

　米国の連邦証券法制は、証券の発行市場を規制する1933年証券法およびその流通市場を規制する1934年証券取引所法の2つの法律が主柱となっている。TOBを規制するのは、「34年法」においてである。同法がTOBを行う買付申込者に課すディスクロージャー項目は、同法のもとで制定されたSEC（連邦証券取引委員会）規則に示されている。主なものを列挙すれば、次のとおりである。

- 買主のために必要な資金総額と資金源
- TOBの目的、買付申込者の計画希望対象会社に対して有する証券（株式など）上の権利
- 買付申込者と対象会社間で対象会社の証券をめぐってなされた過去の取引関係

　上述した共同執筆拙稿は、DICによるポリクローム社買収事例、ワコールによるオルガ社買収事例、その他外国企業による米企業買収事例を取り上げ、これら項目についてのディスクロージャー実例を比較検討したものである。

　日本は、米国のTOB規制にならい、1971年の証券取引法改正時に、株式公開買付け制度を導入した。同制度は、1994年の改正を経て、金融商品取引法（2007年9月施行）に引き継がれている（同法27条の2以下）。

　それによれば「公開買付け」は、「不特定かつ多数の者に対し、公告により株券等の買付け等の申込み又は売付け等（―略―）の申込みの勧誘を行い、取引所金融商品市場外で株券等の買付け等を行うことをいう。」とされている（同法27条の2第6項）。

　同法27条の3は「公開買付開始公告及び公開買付届出書の提出」のタイトルのもと、第1項が、「政令で定めるところにより、当該公開買付けについて、その目的、買付け等の価格、買付予定の株券等の数（―略―）、買付け等の期間その他の内閣府令で定める事項を公告しなければならない。……………」として一定項目のディスクロージャーを要求している。同条第2項は、さらに詳しい内容について「記載した書類及び内閣府令で定める添付書類」を内閣総理大臣に提出しなければならないとしている。

　日本において、とりわけ敵対的買収のためにTOBが大々的に行われることは、1971年の制度導入後しばらくの間、全くなかった。この点、1999年5月に買付公告がなされた英国のケーブル・アンド・ワイヤレス（以下、「C＆W」と略す）による国際デジタル通信（以下、「IDC」と略す）株式に対

するTOBは、外国企業による敵対的買収事案として画期的なものであった。

　Ｃ＆Ｗは、IDCの設立時からの株主で、TOBの直前時点で17.7％の株式を保有していた。当時、IDCと子会社を通じて業務提携を行っていた日本電信電話（以下、「NTT」と略す）が、IDCを買収し完全子会社化する計画を打ち出したことで、これに対抗してＣ＆ＷがTOBを行った。IDCは、同年３月15日に開催した臨時取締役会において、Ｃ＆Ｗを除く株主141社に対し持株をNTTに売却するよう提案することを決めていたので、Ｃ＆ＷのTOBは敵対的買収目的のものであった。

　Ｃ＆Ｗによる1999年５月７日付「公開買付開始公告」の冒頭において「１．公開買付けの目的」には、「本件公開買付けの目的は、対象会社を、公開買付者の電気通信事業の５番目のグローバルハブとし、また公開買付者の日本における事業拡大の基地とするために、公開買付者が対象会社の経営権を取得することです。」と明記されていた。これにNTTが対抗的TOBを行えば、本格的な国際TOB合戦になったところであるが、同年６月に入り、NTT側が買収を断念したためＣ＆Ｗによる買収が決まった。

■おわりに

　1970年代後半、すでにニューヨーク・タイムズ紙やウォール・ストリート・ジャーナル紙などには、連日のようにTOBのための買付公告が掲載されていたことを思い出す。いずれ日本にも同じような現象が起こる日が来るのであろうかと、1980年代に入ってすぐに法律雑誌のコラム欄に書いたことがあったが、昨今の外国ファンドによる日本での動きを見ると、その日が近づいていると感じざるを得ない。

　なお、成り行きが注目されていたソフトバンクによる米スプリント買収は、2013年６月18日、ディッシュ・ネットワークがソフトバンクに対抗する新たな買収提案を見送ると発表したことで決着がつく見通しになったが、一時、TOB合戦の様相を呈した。

ディッシュは、スプリントが同社との交渉を打ち切ったことや、ソフトバンクが求めた買収防衛策の導入を決めたことを提案見送りの理由にしたようだが、一方でスプリント傘下の高速無線通信会社クリアワイヤの株式に対するTOBの成立に集中するとした。
　クリアワイヤはスプリントが50％強出資する上場子会社で、ソフトバンクにとっても戦略上重要な意味をもつとされるが、ディッシュによるTOBには賛同しており「ねじれ」現象が生じていた。
　2013年6月20日、スプリントはクリアワイヤを完全子会社化するための買収額を1株3.40ドルから5.00ドルに引き上げることでクリアワイヤと合意したと発表した。この条件はディッシュによるTOB価格を14％上回る。同日、クリアワイヤはスプリントの新提案支持を表明すると同時にディッシュによるTOBへの支持を撤回した。その後、ディッシュはクリアワイヤの買収を断念した。

テーマ 12
国際資源開発プロジェクトとリスク

■はじめに

　2013年7月初め、プラント大手の千代田化工建設株式会社が海底資源開発大手の英エクソダス社の株式8割弱を取得し買収したと報道された。いま世界では、米国のシェールガスとともに南米やアフリカなどの沖合で原油・ガス田の開発が行われており、千代田化工建設は今後、エクソダス社を通じブラジルやナイジェリアなどで海洋資源探査を進めていくという。

　新興国・地域における資源開発プロジェクトにはリスクが潜んでいる。2013年1月に起こったアルジェリア人質事件はまだ日本人の記憶に新しいが、内容・原因は大きく異なるとはいえ、日本企業が国際資源開発プロジェクトのリスクに見舞われた先例を振り返ってみたい。

■1．IJPCプロジェクト

　IJPCは、イラン・ジャパン・ペトロケミカル・カンパニー・リミテッドの略であり、イランと日本の合弁会社として1973年4月に設立された。IJPCによるプロジェクトが日本側にとって単なる「失敗」であったかどうかは評価が難しい。

　ただ、IJPCは、設立当初日本側が想定していなかったイラン革命（1979年2月）、イラン・イラク戦争（1980年9月）の勃発によって工事が何度も

中断され、結局は清算に追い込まれた事実が厳然として残っている。

「失敗」の原因は、これら「革命」や「戦争」という民間企業が対応しようのない不可抗力的事態の発生にあったのは、ある意味ではっきりしている。だが、新興国における資源開発プロジェクトを、現地政府も当事者に巻き込んだ合弁（ジョイント・ベンチャー）で行うにあたってのリスク管理が適切になされていたかの検証は必要であり、本稿の目的もそこにある。

契約関係でいえば、IJPCの設立に先立つ1971年10月、本件資源開発プロジェクトの基礎になる基本協定（ベーシック・アグリーメント）が締結されている。本協定の締結時の当事者はイラン側がNPC（ナショナル・ペトロケミカル・カンパニー）であり、日本側が三井物産であった。その後、日本側出資者のICDC（イラン化学開発。三井物産、東洋曹達、三井東圧など日本企業5社が当初共同出資して設立した出資会社）が設立された後、基本協定22条「譲渡」の規定に基づいて、協定上の地位が三井物産からICDCに譲渡されることになった。同条1項は、あらかじめ相手方の書面による承諾があれば譲渡できるとの一般的な内容を規定していたが、同条2項は、譲渡人は、譲受人の引き受けた義務のすべてにつき連帯して責任を負うと規定していたため、三井物産は譲渡後も契約義務の履行責任を引き続き負うことになった。

本協定31条は、準拠法をイラン国法と規定し、28条の仲裁条項は、イラン側に有利とみられる内容になっているなど、日本側に不利になる内容を多く含んでいた。だが基本協定自体、主要株主間で取り交わすことの多い合弁契約（ジョイント・ベンチャー・アグリーメント）に当たる[注]。

本協定の21条には不可抗力条項が規定されていた。1979年1月のパーレビ国王脱出に際しては、日本人の工事現場からの脱出に不可抗力免責の効果が及ぶかどうかが問題とされた。同条に不可抗力事由として「内乱」や「戦争行為」が入っていたようだが、不可抗力的事態に当たるかどうかの解釈問題になったことは確かなようである。1979年3月4日、当時NPCの総裁だったアベディ氏と同ICDC社長の八尋氏が口頭で、日本人総引き揚げがフォー

スマジュール（不可抗力）免責になると合意したと伝えられている。

ちなみに本協定21条1項の内容は、以下のようなものであった。

> 不可抗力により当事者の一方または会社において本契約の条件のいずれかについて不履行または不作為のあった場合かつその範囲内に限り、かかる不履行または不作為の故に、相手方または会社は損害の賠償を求めることはできず、またそれを以て本契約の違反とみなすことはできない。不可抗力にはストライキ、ロックアウト、労働不安、天災地変、政府の行為（無差別のもの）、不可避的な事故、内乱、戦争行為（宣戦布告の有無にかかわらず）または当事者または会社が合理的に支配し難いその他の事項が含まれるが、これらに限られるものではない。

ところで、IJPCプロジェクトは小説にもなっている。高杉良氏の『バンダルの塔』（講談社刊）であるが、同書にはノンフィクションのような正確な事実描写がなされており、本稿の記述も同書に負うところがかなりある。

高杉氏が『バンダルの塔』を書こうと思った最初の動機は、イラン革命を予言した総領事がいたと聞いたことだという。小説では篠原となっているその外交官は、プロジェクト発足当時、トルコのイスタンブールの総領事で、アフリカの小国ガボンの大使を最後に退官した。彼は、パーレビ体制はまもなく崩壊すると断言していたのである。

リスク管理の出発点は、リスクの洗い出し、認識である。認識できないリスクは、管理できないだけではなく「想定外」のリスクや危機となって企業に襲いかかる。新興国における資源開発プロジェクトには、その国・地域に特有の地政学的リスクがあるので、なるべく広めにリスクを想定して臨むべきである。

実際のリスク想定はどうであったかというと、元総領事の予言とは正反対であったことがわかっている。

1974年6月にICDCとIJPC東京事務所が日本側出資5社と金融機関向けにまとめた説明資料「イラン石油化学計画事業概要書」には、「イランの現政権は極めて安定しており、国内・国外ともこれを覆す要因は見当たらず、中近東では最も安定した国と認められている。経済的には莫大な石油収入を背景に数多くの投資、開発が行われ、イラン経済の近代化、工業化は急テンポで進み、投資環境としては一層安定性を増すものと思われる」と書かれていた。

　長期計画が最初から見込まれたIJPCプロジェクトの工事であったが、予定どおりに建設工事が進めば1980年の夏には13のプラントが完成する予定であった。ところが、1978年10月1日、フランス亡命中のホメイニ師の呼び掛けに応じて、パーレビ国王に反対する全国一斉ゼネストが起こり、イラン各地に反国王の動きが広がった。このため、1979年1月16日、パーレビ国王が国外へ脱出、同年2月1日にはホメイニ師が凱旋帰国した。

　パーレビ国王脱出の頃、IJPCプロジェクトの工事は、ストライキ、サボタージュによって事実上中断に追い込まれ、1979年1月中旬から3月下旬にかけて日本人の総引き揚げが行われるに至った。同年10月、ICDCに日本政府が200億円を出資する「IJPCプロジェクトのナショナルプロジェクト化」が行われ、1980年7月には工事が一時再開されたが、その約2ヵ月半後の同年9月21日、イラン・イラク戦争が勃発、3日後の9月24日にはIJPCの建設現場がイラク機によって爆撃された。

　爆撃は1979年10月22日までに合計5回行われた。同年10月23日、IJPCは不可抗力事態であることを宣言し、日本人技術者・職人の750人全員がイランを脱出し、工事は2度目の中断となった。

　1983年8月、その後の建設資金はすべてイラン側が負担するとの条件で工事が再開されたが、またもやイラク軍の爆撃があり、1984年10月、3度目の工事中断に追い込まれた。そして、イラン・イラク戦争が、1988年8月、休戦協定成立になるまでの間、工事現場は放置されたままの状態に置かれた。

1988年10月、ICDCはイラン側と共同で戦争による建設現場の被爆状況を調査し、同年12月には東京でイラン側とIJPCを再開するかどうかの協議を行った。この席上日本側は「修復不可能」、「円満解消以外に道はない」との申し入れをした。清算を前提としたイラン側との交渉は難航したが、1989年10月に最終的に達した合意では、日本側が出資金722億円とICDCのローン1,250億円を放棄するほか、清算金として1,300億円を支払うとの条件で、加えて日本側は多額の金利負担をした。

　1990年2月には、IJPCの清算が完了し、日本側の損失に対しては、海外投資保険から777億円が支払われた。ICDCも1991年9月に臨時総会を開催して、出資5社はそれぞれICDCへの出資金と貸付金の放棄をした。

■2．ナショナルプロジェクトからの「撤退」の難しさ

　IJPCの「失敗」原因は、プラント建設工事途上でイラン革命、イラン・イラク戦争に遭遇した不運にある。それだけではなくIJPC設立から半年後の1973年10月には、第4次中東戦争および第1次石油危機が始まっている。いずれも資源エネルギー問題を語る上では欠かすことのできない歴史上の大事件が、IJPCが存続した期間に集中的に起こっている。

　IJPCは、途中から日本とイラン両国のナショナルプロジェクトの形をとるのだが、イラン側にとっては、当初からイラン側出資50％のすべてをNPCが負担していた。日本側は、イラン革命による工事中断後、政府（経済協力基金）からの出資200億円が約束されたことで、ナショナルプロジェクトに「昇格」した（ただ、経済協力基金による実際の出資は54億円にとどまった）。

　IJPCが日本にとってもナショナルプロジェクトになって以降、民間企業としてプロジェクトからの「撤退」を適時に断行し難くなった。日本政府には石油危機後においてイラン石油を安定的に確保したい意向があり、産油国イランとの唯一のパイプに近いIJPCを何としても継続したいと考えていた。イラン革命後に日本企業としては最初の大きな撤退機会が訪れたが、工事再開

に向けた通商産業省(当時)の要求を容れざるを得なかったといわれる。

　日本企業による海外進出は当時からさかんに行われているが、難しいのは進出よりも撤退である。特にリスクの多い新興国においては、近時でいえば「チャイナリスク」のような特有のリスクを避けるなど、企業は臨機応変に海外拠点の「選択と集中」ができなければ生き残れない。その場合、経済合理性を主に行動すればよいのであるが、ナショナルプロジェクトとなると国家の政策を優先させざるを得ない場面が多くなる。

　撤退機会は、その後もイラン・イラク戦争勃発時など幾度か訪れたが、その都度撤退の決断を下せなかった理由には、1971年締結の基本協定(BA)中の紛争処理条項(第27条調停、第28条仲裁)があったともされている。すなわち、一方的な撤退は基本協定(BA)違反となり、仲裁が申し立てられれば仲裁人3名中2名をイラン側が占める日本側に不利な「法廷」での決着が待っているとみられた。

　すなわち基本協定27条1項は当事者間の「異見」が生じた場合について、「万一、本契約の履行または解釈に関連して異見が生じた場合は、当事者は、問題を、各当事者が2名ずつ宛名指名し都合4名からなる混成臨時調停委員会に付託することに同意する。この委員会の任務は、友好的な解決策を求めることにある。調停委員会は、各当事者の代表者から聴聞を行った後、異見の付託がなされた日から3ケ月以内に決定書を送付する。この決定が拘束力をもつためには、全員一致でなければならない」と規定していた。

　だが、工事を続行するか否かに関する日本側とイラン側の意見のくい違いは、調停で解決できそうにないほど大きかった。同条2項は「万一、当事者が異見を調停委員会へ付託することに同意しないか、あるいは上調停委員が当該紛争に対して全員一致の決定を出すことができなかった場合は、その紛争を解決する唯一の方法は、第28条による仲裁である」と規定していた。

　そこで基本協定28条をみると、以下のとおりであった。

> 本契約の規定の履行または解釈に関連して生じた紛争は、3名の仲裁人で組織する仲裁委員会で決定する。各当事者は、それぞれ1名の仲裁人を指名し、これら2名の仲裁人は、仲裁開始前に、第3の仲裁人を指名し、第3の仲裁人が仲裁委員会議長をつとめる。(第1項)
>
> 万一、一方の当事者がその仲裁人の指名を行わないか、または仲裁手続開始後2ケ月以内に指名したことを相手方に通知しなかった場合は、その相手方は、イランの最高裁判所長官に上申して第2仲裁人の指名を求めることができる。(第2項)
>
> 万一、2名の仲裁人が第2仲裁人指名の日から2ケ月以内に第3仲裁人を指名することができなかった場合は、当事者が別段の合意を行わない限り、当事者のいずれか一方の申立てにもとづいて、イラン最高裁判所長官が第3仲裁人を指名する。(第3項)

海外現地パートナーとの合弁事業が挫折する理由の第1は、パートナー間の経営方針のくい違いである。進出に際していわば「入口」のところで取り交わす合弁契約には、合弁を解消させ外国側パートナーが撤退する場合の「出口」戦略をよく立てて内容を検討すべきである。筆者が別の機会にも「撤退を考えない進出は失敗する」としてきたのはこのためであり、具体的にはデッドロック条項や紛争処理条項がなるべく有利な内容になるよう、ハードネゴシエーションも辞さない構えが必要になる。

■おわりに

広い世界では、進出先の国家体制が革命やクーデターで突如変わることはそうめずらしくない。筆者は、かつて『東西合弁の法律実務──ソ連・東欧諸国への進出と合弁契約』(齋藤隆広共著、1991年4月、中央経済社刊)を出版したことがある。同書は、筆者が日ソ合弁第1号の案件に弁護士として関わった経験をもとに、当時のソビエト連邦(以下、「ソ連」と略す)や

東欧諸国の企業と日本企業の合弁事業に関わるリスク管理を扱った。

　同書執筆のための資料は、２人でソ連や東欧諸国の在日大使館を回り、集めたのであるが、その際協力してくれた東欧のある国の外交官の「予言」がいまだ忘れられない。その外交官は、いずれソ連といえども欧州とアジア側の２つに分裂し、欧州側はEC（現EU）に加盟するかもしれないと述べたのである。その時は耳を疑ったが間もなく２つに分裂はしなかったもののソ連は解体されてしまい、「日ソ合弁」なる言葉はおろか、東西冷戦構造が崩れ去り「東西合弁」なる言葉も使えなくなってしまった。

　さらに、同書には最も親しく私たちの資料集めに協力してくれた「ユーゴスラビア社会主義連邦共和国大使館公使」のラドマン・ヨービッチ氏に長文の「推薦のことば」を書いてもらい「序文」代わりに収めた。そこには、「東欧・中欧諸国経済の市場主導型経済への移行および産業型経済への完結をすみやかに成就させることは、大変な事業であり、地域の人々の献身のみならず、世界の先進的経済の幅広い援助と緊密な協力をもまた必要とします」として日本企業との合弁への期待が述べられていた。

　ところが、同書を出版後間もなく、ユーゴスラビアには内戦が起こった。ユーゴスラビアという名の国はなくなり、帰国したヨービッチ氏とは連絡が取れなくなった。

　同書では新興国での合弁事業のリスクを合弁契約でどう管理するかを書いたつもりであったが、想定をはるかに超えるリスクが次々と発現し、書名すらあっという間に使えなくなる事態には、ただ驚くしかなかった。

　　（注）本基本協定（Agreement Between National Petrochemical Company And Mitsui & Co. Ltd.）の内容について関係企業から公表、開示はなされていないが、外務省の行政文書開示請求によって入手することができる。本稿において引用する基本協定の条項内容は、同文書および各種文献資料に基づいて書かれた論文、梅野巨利「IJPC合弁事業基本契約書の重要性とその影響」（神戸商科大学創立80周年記念論文集、2010年３月31日発行）を主に参照させてもらった。

テーマ13
製品事故とPL（製造物責任）訴訟

■はじめに

　2013年7月4日、株式会社カネボウ化粧品が、製造、販売する美白化粧品の自主回収を発表した。同化粧品の品質不良が原因で肌がまだらに白くなるなど重い症状を訴えた顧客は、同月中に2,250人に達した。

　化粧品もそうだが、人の生命、身体に直接影響が及び得る食品や薬品の品質問題を起こした場合、メーカーとして、被害の拡大を防ぐため、いち早く自主的な回収に乗り出すべきかどうかの判断を迫られる。それが一段落したとしても、被害者が事後的に損害賠償を求めて起こすPL（製造物責任）訴訟で被告とされ対応に追われることも多い。

　問題は、こうした製品事故を海外、特に米国で起こしてしまった場合のリスク増大である。リコール（回収）およびPLのいずれにおいてもメーカーには米国法のもとで非常に厳しい対応を求められる。今回は、米国におけるPL訴訟のリスクの大きさを過去の事例で見ることにする。

■1.「L-トリプトファン事件」の概要

　L-トリプトファン（以下、「L-T」と略す）は、体内でつくられる8種類の必須アミノ酸の1つで自然界の牛乳などにも含まれる。米国の健康食品メーカーが、昭和電工など日本の会社6社の製造したL-Tを輸入し、錠剤やカプ

セルにして広く米国内で販売していた。1988年以降これらを摂取した人たちの間に健康被害が多発した。

被害者は、EMS（好酸球増加筋肉痛症候群）と呼ばれる疾病にかかり、死者も多数出た。

米食品医薬品局（FDA）や疾病対策センター（CDC）が中心になって調査が開始され、昭和電工が1988年12月から1989年5月頃までの間に製造したL-Tが原因であることが判明した。そこで、FDAは、1989年11月、L-Tの使用を止めるよう消費者に警告を発した。他方でFDAは1日当たりの摂取量が100mg以上になるL-T製品のリコールを要求し、1990年3月、リコール対象をすべての同製品に拡大した。被害として、死亡が19件、EMS患者数1,411と公表した。

1990年2月、L-T製品を摂取した後、肺炎のような症状で入院した患者が、米国の製造者3社を相手取り、健康食品の危険性につき警告を怠ったと主張して損害賠償請求訴訟を提起した。同年3月には、シアトル在住の女性が、日本の製造者6社を相手取り、連邦地方裁判所に訴訟を提起した。

1990年4月に入ると、EMSは昭和電工製造のL-Tに不純物が混入していたことが原因であるとの調査結果が発表され、同社を被告とする訴訟がこの頃から多発するようになった。

この間の経緯につき、同社の1990（平成2）年12月期有価証券報告書は、次のように述べている。

■L-トリプトファン訴訟

　L-トリプトファン原体を原料として米国内で製造された栄養補助剤を摂取した者が、同剤の摂取により疾病（好酸球増加筋肉痛症候群）に罹患したとして、摂取者らから、当該原体の製造者、栄養補助剤の製造者、販売者及びその他の関係者に対して、損害賠償を求める訴訟が米国内において相当数提起されており、そのうちの多くの訴訟については、原体製造者である当社及び原体販売者である昭和電工アメリカ・インコーポレーテッド

も被告となっている。
　平成2年9月10日までに当社に送付された訴状の件数は122件、治療費、慰謝料、懲罰的損害賠償などの請求総額は共同被告分を含め1,182百万米ドル以上となっており、その後、件数及び金額共に相当増加している。米国における製造物責任訴訟においては、一般的に、請求される金額は、実際に判決又は和解の結果支払われる賠償額を予想する上で信頼できる基準とならない、とされている。
　米国疾病対策センター（CDC）の発表による患者数は1,500名を超えており、一部の州における統計的調査によれば、当社製原体と好酸球増加筋肉痛症候群との関連が指摘されている。日・米における調査は継続して行なわれているが、当該健康障害の原因、発症のメカニズムは現在なお不明である。当社としては、引き続き原因の究明に努める一方、米国での製造物責任制度の実情に鑑み、早期和解を望む患者との交渉にも一部応じており、また、一部は和解に至っている。

　その後、1992年までに訴訟件数は、少なくとも43州で約1,800件に上り、死亡は38件にまで達した。昭和電工は、上記有価証券報告書にも書かれているとおり、被害者との和解交渉を進めた。1992（平成4）年12月期有価証券報告書は、次のように述べている。

　当社としては、引き続き原因の究明に努めると共に、訴訟に対応しているが、一方では、米国での製造物責任制度の実情に鑑み、合理的な条件が整う場合には、和解による解決を図っており、平成2年5月以降、一部は和解、仲裁あるいは調停による解決に至っている。和解交渉は、平成3年下半期以降進展しており、当期の和解は前期を上回る結果となった。当社は、和解交渉が今後も引き続いて進展するものと判断しており、次期においても相当額の損失負担が避けられない見通しであるが、本問題の早期かつ合理的な解決を図るべく取り組んでいる。

> （当期におけるL-トリプトファン関連損失〈解決金の額を含む〉については、損益計算書及び損益計算書に関する注記を参照）

　1993年4月13日、カリフォルニア州サンディエゴの州裁判所で昭和電工に100万ドルの賠償金支払を命じる評決が下された。
　この評決に基づいて、昭和電工に105万ドルの賠償を命じる判決が下されたが、原被告双方から控訴がなされた。この事件の原告Dは、1988年に離婚をした後、寝つきをよくするためにL-Tの服用を始めたところ、2年後には汗が出ない、脚が腫れて石のように固くなる、髪の毛が抜け落ちる、痛みのため眠れないといった症状を訴えるようになったと主張していた。
　第1審では、被告の昭和電工側で150万ドルでの和解を提案したが、原告が1億4,400万ドルを要求して譲らなかったため、陪審審理に突入した。評決額が被告の提示額よりも低くなったのは、問題が公になった後も原告がL-Tの服用を止めなかった過失との大幅な過失相殺が認められたからである。
　昭和電工側の控訴理由は、(a)第1審がL-Tの販売が連邦の食品・薬品・化粧品法を遵守したものであったかどうかの判断を陪審員に委ねたこと、および(b)L-TのリコールについてのDによる擬制悪意に関し裁判所として陪審員に指図を与えなかったことに誤りがあると主張した。
　Dの控訴理由は、(a)陪審員による41.5％の過失相殺を認める証拠が十分ではないこと、(b)分担的な評決は、過失相殺問題につき新たな陪審審理を申し立てる権利をDに与えること、(c)第1審の裁判所が専門家の証言録取を証拠として採用しなかったこと、および、新聞記事などを証拠採用したのは重大な過誤に当たることなどを主張した。
　これら双方の控訴理由を検討した結果、カリフォルニア州控訴裁判所は原判決を覆すことはできないとしてそのまま認容した（44 Cal. App. 4th 799, 1996）。ただ、原判決は懲罰的賠償を認めていない。

■2．L-T訴訟とアンビュランス・チェイシング

　L-T事件は、当時日本企業が米国において巻き込まれた最悪、最大規模のPL訴訟ラッシュを招いた。昭和電工では、1981年にL-Tを事業化し、1983年から健康食品の材料として欧米へ輸出し始めた。

　昭和電工のL-Tは、遺伝子工学の技術によって培養菌のストレイン（系統）を変えて生産性を80倍に高め、1988年には世界最大のL-Tメーカーとなり、1989年には、米国市場でのシェアが80％に達した。ただ、年商は約10億円の事業であったという。

　昭和電工の損失負担額はこの年商額をはるかに超えて増え続けた。1990年度決算では61億円、1991年度決算では199億円、1992年度決算では547億円をそれぞれ計上、最終的には2,000億円を超えた。

　米国内で提起された訴訟の和解金が大宗を占めるが、同国におけるPL訴訟が大きな賠償責任リスクをもたらす原因としては、被害者による訴提起を容易にするPL法理だけでなく、訴訟手続面におけるクラスアクション（集団訴訟）制度があげられる。

　加えて、多すぎるとされる数の弁護士の一部によるアンビュランス・チェイシングも原因である。Ambulance chasingは、文字どおりには救急車の後を追いかけることを指す。救急車の行く先は多くの場合、事故現場であり、そこには弁護士にとっての潜在的依頼人である加害者と被害者がいるはずだからである。そこで、仕事を求めて東奔西走する弁護士のことをアンビュランス・チェイサーと呼ぶようになったのであるが、実際に救急車の後を追いかける弁護士を見たことはない。

　L-T事件の場合にもアンビュランス・チェイシングが行われている。ニューヨークのある弁護士は新聞広告をうち依頼者探しに努め、看護師を雇うなどして200人以上の被害者から依頼を受け、200以上の訴状を提出したという（1995年5月17日付日経産業新聞）。

■3．米国におけるPL法理の誕生とPL訴訟リスク

　PLは、製品に人の生命、身体に直接悪影響を及ぼすような品質上の問題があった場合において製品供給者側に重い責任を認める考え方である。通常、製品にこうした問題があったときは、問題となった製品そのものの補修や交換などが行われるにとどまる。PL法理のもとでは、製品の欠陥からユーザーや第三者の身体・財産に生じた損害についてまで、製品供給者は損害賠償責任を負わなくてはならない。

　欠陥商品によって引き起こされる損害につき、被害者が直接契約関係にない製造者あるいはほかの製品供給者の賠償責任を追及しようとするには、不法行為を根拠にすることが考えられる。ところが不法行為訴訟においては、被害者（原告）の側で故意・過失、因果関係などを立証しなければならない。だが、ハイテク製品のように製造工程段階が複雑になると、製造工程における過失を立証することは大変な困難を伴う。

　そこで、このような請求における被害者側の負担を軽減するために、従来からの不法行為理論を修正して、製造者側に重い注意義務を課すような理論構成が試みられるようになった。1960年代初頭に、学者によって唱えられた厳格責任（strict liability）の理論はその1つであって、一種の無過失責任法理といってよい。

　厳格責任の理論は、1963年、カリフォルニア州最高裁判所におけるグリーンマン対ユバ・パワープロダクツ社事件判決以来、米国のほぼ全州においてとり入れられた。その結果、米国の判例法の集大成であるリステイトメント中にも具体化された。

　その内容を要約すると、①製品に不合理なほど危険な欠陥があり、それが製造者の手元を離れた当時から存在していたこと（欠陥の存在）、および②その欠陥が原因で被害が生じたこと（因果関係）の2つを立証することができれば、製造者と被害者とが直接契約関係になくとも損害賠償を受けること

ができる。

　厳格責任の理論は、当初、危険性の高い製品についてのみ適用されていたが、その後徐々に対象範囲を広げた結果、現在ではほとんどのタイプの製品につき適用されている。厳格責任の理論のもとでは、責任を認めるための基準を過失のように主観的なものでなく、欠陥の有無という客観的なものに置き換えた。

　さらに、欠陥の有無を判断するについては、いわゆる消費者期待基準が広く用いられ、消費者が通常期待する安全性を欠くときに欠陥ありとされる。したがって、あらかじめ予想されるような消費者の誤用に備えて適切な警告ラベルを貼っていなかったとすると、品質上は何ら問題がなくとも「欠陥商品」と認定されることがある。

　厳格責任の理論が浸透していったことから、全米各地でPL訴訟が急増した。1950年には5万件であったものが、1975年には100万件を突破し、その後も増加し続けた。1980年代を経、1990年代になると米国を中心としたPL訴訟は大規模化し、そのリスクは製造者の存続を危うくするところまで増大した。

　日本企業以外で、大規模な健康被害に対する巨額の賠償責任がもとで米国連邦破産法11章（チャプター・イレブン）の適用申請（1995年5月）に追い込まれたのが、米化学会社のダウ・コーニング社である。同社は、1964年から豊胸手術用シリコーンの販売を始めたが、手術後にシリコーンが体内に漏れ自己免疫疾患などになったとして、全世界で2万件近くのPL訴訟を起こされた。

　1993年9月、ダウ・コーニング社は同じく被告とされた他のシリコーンメーカーや病院などと共に、47億5,000万ドルのファンド（基金）を創設し、爾後30年間被害者に対し、訴訟をしないことを条件に同ファンドから医療費を援助する内容の訴訟和解案をまとめた。この額は、当時史上最高の和解額とされ、ダウ・コーニング社は同社の年間売上高にも匹敵する20億ドル

強を拠出したという。

　なお、米国におけるL-T訴訟が終息に向かったと同じ頃の、1995年7月1日、日本において製造物責任法が施行になった。同法は、基本的には米国PL法における一種の無過失責任法理に基づいている。すなわち、訴訟における原告側に「過失」の立証に代えて物の「欠陥」の立証をすれば足りるとしているからである。ただ、全体的には日本のPL法は、1985年EC・PL指令（瑕疵ある製品についての損害賠償責任に関する加盟国の法律、規則及び命令の調和のためのディレクティブ）の内容により近いとされている。

　日本ではPL法導入に際し、メーカーが米国におけるようなPL訴訟ラッシュに見舞われるのではないかを懸念する声が挙がった。だが、同法施行後約20年が経過した現時点まで米国におけるような訴訟ラッシュにはなっていない。日本でも似たような製品事故が起きている事実はあるので、その原因はクラスアクション制度など訴訟制度を含めたところにあるものと考えられる。

■おわりに

　冒頭のカネボウ化粧品による製品事故で、2013年6月30日、親会社花王の社長が記者会見し、謝罪とともに本件の関連で56億円の特別損失を計上、カネボウ自体も当期の売上高が1,800億円強から100億円減収し、営業利益も60億円減る見通しであると発表した。発症の原因は、カネボウ化粧品が開発した美白成分「ロドデノール」にあるとみられている。

　カネボウ化粧品が問題の美白化粧品の自主回収を発表した2013年7月4日からほぼ1ヵ月間で、2,000人を超える消費者が重い症状を訴えた。被害は海外にも広がり、台湾では120人以上が白斑症状を訴えて、やはり自主回収が行われた。台湾の販売会社によると、同年7月22日までに関連商品5万6,000個余りを回収した。衛生当局は台湾での化粧品の回収数としては過去最多になるとの見通しを示した。

食品、薬品、化粧品などに不具合が見つかったときは、いかに早く事実を公表し自主回収に乗り出すなどして被害の拡大を防止するかがメーカー側の課題になる。本件に関しては、2013年7月24日の記者会見で消費者庁長官が、「〔白斑症状が3人に出たとの情報が皮膚科から寄せられた〕5月の時点で使用中止を呼びかけていれば、少しでも被害を防げたはずだ」と述べた。

本件で、事後的にメーカー側の損害賠償責任を追及するPL訴訟が海外を含めて起こるかどうかは予断を許さない。日本の法制度の枠を超えたグローバルで迅速な法的対応が求められる。

図表4　各国・地域の「開発危険の抗弁」に関する法制比較

米国	EU	中国	日本
明文規定なし	EC指令（PL指令）7条(e)	製品品質保証法41条	製造物責任法4条1号
判例（リステイトメント含む）上、 ・技術水準の法理 ・「合理的な代替設計」の法理 が認められている。	当該製品が流通に置かれた時点における科学および技術に関する状態が、欠陥の存在を発見させ得るものでなかったこと。	製品を流通に投入した時点での科学技術水準では、欠陥の存在に気づき得なかったこと。	当該製造物をその製造業者等が引き渡した時における科学または技術に関する知見によっては、当該製造物にその欠陥があることを認識することができなかったこと。

テーマ 14
巨大事故とアンビュランス・チェイシング

■はじめに

　テーマ13では、米国における巨大PL（製造物責任）訴訟リスクに日本企業がとらわれたL-トリプトファン事件を取り上げた。

　同事件に関連しては、米国弁護士によるアンビュランス・チェイシング的な動きがあったことも紹介した。テーマ14では、「史上最大のアンビュランス・チェイシング」といわれたインド・ボパールにおけるガス漏れ事故（1984年）と、日航機墜落事故（1985年）に際して行われたアンビュランス・チェイシングを取り上げる。

■1．ボパールガス漏れ事故の場合

　1984年12月、インド中部のボパール市近郊にあった米ユニオン・カーバイド現地法人の農薬工場からガス漏れ事故が発生した。漏れたイソシアン酸メチル（MIC）は、他の物質と化合させて殺虫剤を作るためのもので、単独では極めて毒性が強く、微量の被ばくで眼や皮膚を刺激し、被ばくが多いと失明、窒息死を招く。

　約23万トンのMICが工場内のタンクから漏出した際、運悪く北西の風が吹いており、猛毒ガスが夜眠っていた約20万人の住民に被害を与え、死者は3,300人に上った。事故は、過去最大規模の産業災害となったが、本書は

事故の原因などを詳しく伝えることを目的としてはいない。事故後、米国内で起こされた多くの国際訴訟と、それらの訴え提起に関連した米国弁護士によるアンビュランス・チェイシング、さらにその後、被害者救済のための訴訟の舞台はインドの裁判所に移された。これら国際訴訟にまつわる論点につき検討してみたい。

　事故が1984年12月2日から翌3日にかけての深夜に発生した直後には、ボパール市を覆ったMICガスの中和作業などの救済活動が行われたが、その頃米国からは多くの弁護士が現地を訪れ、被害者から訴訟委任状と医師の診断を買い集めたという。米国で最初の訴えが西ヴァージニア南部地区連邦裁判所に提起されたのは、事故からわずか5日後の12月7日であった。

　米国弁護士の狙いは、大グローバル企業である米ユニオン・カーバイド社（以下、「UC」と略す）を被告に訴えることで、インドでの訴訟よりもはるかに大きい損害賠償を得る点にあった。事故から翌1985年1月までの約2ヵ月間で合計145件の訴訟が米連邦裁判所に提起され、同年2月6日には、ニューヨーク州南部地区連邦裁判所（SDNY）での裁判に併合されることになった。これにつき同年2月7日付ウォール・ストリート・ジャーナル紙は次のように報じた。

> An estimated 2,000 people were killed and tens of thousands of others were injured when methyl isocyanate gas leaked Dec. 3 from a Union Carbide pesticide plant in Bhopal, India. Since the accident, lawsuits seeking billions of dollars in damages have been filed against the company in U.S. federal courts by American lawyers representing victims of the catastrophe. Similar claims also have been lodged against Union Carbide in several state courts.
>
> In joining the federal claims, the judges said that the Southern District is a suitable locale for pretrial litigation because, among other things,

> Union Carbide is incorporated in New York. The panel also noted that "relevant witnesses and documents" in the case may be located at the chemical company's headquarters in Danbury, Conn.

（訳文）

> 　12月3日、インド・ボパール市のユニオン・カーバイド社の殺虫剤工場からメチルイソシアン酸塩ガスが漏れたときには、推定2,000人が死亡し、何万もの人が負傷した。事故以来、何十億ドルもの損害賠償を求める訴訟が、大惨事の被害者を代理するアメリカ人弁護士によって、会社に対し合衆国連邦裁判所に提起された。同様の請求はさらにいくつかの州裁判所においてもユニオン・カーバイド社に対して申し立てられた。
> 　連邦の請求を併合するについて、裁判官は〔ニューヨーク州の〕南部地区が、とりわけ、ユニオン・カーバイド社がニューヨークにおいて設立されていることから、審理前手続にとっては適切な場所であると述べた。委員会はまた本事件における「関連証人と書類」は、コネチカット州ダンバリーにあるこの化学会社の本部にあるだろうととくに言及した。
> 　　　　　　　　［拙著『ビジネス法律英語入門』（日本経済新聞社刊）から転記］

　訴え併合後、SDNYでの訴訟はどのように展開したかというと、まず争点になったのは国際裁判管轄の点である。本件事故を起こしたのは、UCのインド現地法人であるが、正確にいえばUCとインド政府が出資した合弁会社であった。事故発生地はインド国内、被害者はインド国民であるから、総合すればインドの国内事件といってもおかしくない。にもかかわらず、なぜ米国の裁判所がこの事件について管轄権をもつのかに素朴な疑問が生じるところである。

　本件におけるような不法行為の損害賠償請求訴訟において裁判管轄権はどこに認められるかといえば、通常、不法行為の行われた場所や損害の発生した場所を管轄する裁判所においてである。日本での国際裁判管轄について民

事訴訟法3条の3第8号は、不法行為地が日本国内にあるときは原則として日本の裁判所の裁判管轄権が生じると規定している。

　米国の民事訴訟法法規がこの点どう規定しているかにかかってくるが、不法行為地、損害発生地のいずれもインド国内にあると考えられる本件においては米国の裁判所に管轄権は認めにくい。

　ただ、インドにおける被災者たちが被告に選んだのは、米国の親会社である。インドの合弁子会社と比べ賠償資力に優れていることから、いわゆるディープポケット狙いの標的にされたものと思われる。それに訴える原告とすれば、米国の民事裁判におけるクラスアクション、陪審審理、懲罰賠償などの特徴的要素が複合的に絡み合って巨額の損害賠償が出ることを期待する。米国でPL（製造物責任）事故などを起こした大企業を訴えることをほとんど専門にするプレインティフズ・ロイヤー（原告側弁護士）は、事故が米国以外の外国で起こった場合でも、何らかの根拠を見出しては米国で訴えを起こそうとする。

　筆者が関与したある戦後補償請求事件では、被害に対する賠償を求める原告は中国在住の中国人で、日本企業に第2次世界大戦中に強制労働させられたとの不法行為が行われたのは日本であったが、なぜか米国で訴訟が起こされた。被告になった日本企業は在米子会社と共同被告にされ、これを通じて米国裁判所に管轄権が生じるというのが原告の主張であった。ところが、その日本企業の在米子会社ができたのは、第2次世界大戦後であったことが判明し、同子会社に対する裁判管轄権が否定されて裁判は終了した。

　ボパール事故の米国訴訟の場合、SDNYで審理が始まり、当然のごとく、まずは米国の裁判管轄権の有無が争いになった。ただ、この時点で被害者・原告団を「代表」したのはインド政府でもあった。米国弁護士のなりふりかまわないアンビュランス・チェイシングをいわば見かねたインド政府は、比較的早い段階から被害者のインド国民を守るため、安易に委任状に署名しないよう呼びかけていた。その一方で、インド政府は、裁判外で被害者補償を

進める道も探るための特別立法（Bhopal Gas Leak Disaster Proceeding of Claims Act）を行った（1985年3月）。

同法は、裁判内であるか裁判外であるかを問わず、インド内外の被害者補償に関するあらゆる紛争について、被害者を排他的に代理する権限をインド政府に付与していた。この権限に基づいてインド政府は裁判外でUCとの和解交渉を行ったが、交渉はうまくいかず、同政府は1985年4月8日、SDNYに損害賠償請求訴訟を提起するに至った。

インド政府による提訴で、従前から個別に提起されていた訴訟との関係をどうするのかが問題になった。被害者の請求をインド政府が一手に代理することで、従前からの訴訟は維持できなくなるおそれがあるため、原告らの米国弁護士は、インド最高裁判所に、上記被害者救済特別立法が同国の憲法に違反するとする訴えを提起した。

SDNYで事件を担当したキーナン判事は、インド政府による訴訟提起によって複雑化した当事者関係を整理するため、特別に原告団執行委員会（Plaintiff's Executive Committee）を設けることにした。同委員会の目的は、原告団の訴訟活動を一本化することにあると考えられるが、インド政府はなぜかキーナン判事の勧めにもかかわらず、同委員会による共同の訴訟活動には加わらなかったし、独自の訴訟活動もしなかった。

SDNYに事件係属中の1986年3月、UCと原告弁護士は3億5,000万ドルで和解をすることで暫定的な合意に達したが、金額が不十分であるとしてインド政府に拒絶されて不調に終わった。裁判管轄の点についてSDNYのキーナン判事は、UC側の主張の1つであったフォーラム・ノン・コンビニエンスの法理の適用を検討することになった。

その結果、1986年5月12日、キーナン判事は、以下の3つの条件を付けてフォーラム・ノン・コンビニエンスの法理の適用を認め、米国裁判管轄権の行使を差し控えることにした。

> ① UCは、インドの裁判所の管轄を受け入れ、出訴期限法に基づく抗弁を放棄する。
> ② UCは、インドの裁判所（上訴された場合は上訴裁判所）の判決に従うが、この判決は最小限のデュープロセスの要件に合致するものでなければならない。
> ③ UCは、適切な要求があった場合には、米国と同様のディスカバリー手続に従わなければならない。

　1986年6月12日、被告UCがこれらの条件を受け入れたため舞台はインドに移った。インドでは、上記ボパール特別立法のもとでインド政府が唯一の原告として、同年9月5日、ボパール地区裁判所に訴えを提起した。

　なお、SDNYのキーナン判事の判決に対しては、控訴がなされ、1987年1月14日、連邦第2巡回区控訴裁判所は、上記3条件のうち②、③を除いたもののフォーラム・コンビニエンス法理の適用を認めた。

　インドでの裁判は、UC側の「訴訟遅延戦略」もあってあまり進展せず、1987年後半には裁判所の勧めにより和解が試みられたが、結局うまくまとまらなかったとされる。そして、1987年12月17日、ボパール地裁のデオ判事は、職権によって35億ルピーの中間（救済）金の支払をUCに対して命じた。

　同命令に対し、UCがジャパルプル高等裁判所に控訴し、同高裁は1988年4月4日、支払額を25億ルピーに減額した上で、2ヵ月以内に同金額をボパール地裁に寄託するよう命じた（インドにおけるこれらの裁判については、安田信之「ボパール事件ジャパルプル高裁判決の概要」（「国際商事法務」Vol.16, No.7〈1988〉に詳しい）。

　同高裁判決は、主に手続面に関しており、本書で詳しく取り上げることはしないが、本件民事訴訟の最終決着はというと、インド最高裁判所の1989年2月14日判決まで待たなくてはならなかった。損害賠償額は4億7,000万米ドルであったが、それ以外にUCは、患者治療の病院建設のため1,900万ドルをインド政府に寄付した。

■2．日航機墜落事故の場合

　1985年8月に起こった日航機墜落事故の際は、筆者自身、米国弁護士によるアンビュランス・チェイシングのレターを受け取った。旅客機の墜落事故が起こると、多数の被害者を生じさせるため、その後の航空会社や航空機メーカーに対する損害賠償請求訴訟を担当しようとアンビュランス・チェイシングが行われることがまれではない。

　ボパールのガス漏れ事故に関連した「史上最大のアンビュランス・チェイシング」が話題になり、米国での訴訟がインドに「移送」された直後の1985年8月2日、デルタ航空の旅客機がテキサス州ダラスのフォートワース空港で着陸に失敗して爆発・炎上する惨事があった。

　この時も、全米からアンビュランス・チェイサーが集まり、空港近くのホテルに仮の事務所を開設し、事故後3日も経たないのにデルタ航空を被告とする訴訟が提起されたという。また、当時、ダラスの新聞は弁護士の広告であふれかえったともいわれている。

　日航機事故の場合、日本航空は日本の会社であり、事故は日本国内で起こっており被害者の大多数は日本人なので、米国内で訴訟を起こす根拠を見出し難いようにも思えた。だが、本事故に関しては、墜落したジャンボ機を製造した米ボーイング社が事故後間もない1985年9月に入った時点で、墜落の原因は同社の「修理ミス」にあったと認める特別な事情があった。

　すなわち、同年9月6日、ニューヨーク・タイムズ紙が「7年前の『しりもち事故』のあと、後部隔壁の修理をしたとき、リベットが適切に打たれていなかった」としてボーイング社の修理ミスを指摘したところ、同社はあっさりとミスを認めたのである。

　事故調査委員会が原因についてまだ最終的な結論を出していない段階で事故原因に対する責任を認めることが、その後に予想される訴訟においてどれだけ不利な立場をもたらすかは十分にわかるはずである。にもかかわらず、

ボーイング社がなぜあえて修理ミスを認めたかについては、当時、憶測が流れた。同社としては、修理ミスを進んで認めることによって、事故原因を事故機のみの「欠陥」に限定し、事故機と同型あるいは類似の型の航空機のすべてに共通の設計上もしくは構造上の欠陥であるとされたくなかったのではないかと言われたのである。

ちなみに、1987年6月19日に出された運輸省（現国土交通省）航空事故調査委員会の報告は、本件事故の原因につき次のように述べている。

> 本事故は、事故機の後部圧力隔壁が損壊し、…………飛行性の低下と主操縦機能の喪失をきたしたために生じたものと推定される。飛行中に後部圧力隔壁が損壊したのは、…………疲労亀裂によって同隔壁の強度が低下し、…………ことによるものと推定される。疲労亀裂の発生、進展は、昭和53（1978）年に行われた同隔壁の不適切な修理に起因しており…………。

そうなるとボーイング社を米国で訴え損害賠償請求訴訟を起こすことが考えられる。日本人被害者を紹介してくれと、筆者を含む日本の渉外弁護士に手当たり次第レターを送ったのは、このためではないかと思う。

■おわりに

当事者の国籍がさまざまに異なるような国際訴訟においては、どの国・地域で裁判を行うかが大きく勝敗を左右することがある。損害賠償請求訴訟であれば、認定される損害額が1桁どころか2桁も違うこともめずらしくない。

そこで、なるべく有利な裁判地を求めてフォーラム・ショッピング（forum shopping）が繰り広げられる。ボパール事件において被告とされたUCが、本拠地である米国での裁判よりも事故地のインドにおける裁判を望むという、一見逆ではないかとさえ思われる動きがあったのはそのためである。加

えて、何が何でも米国で訴えを起こそうとするアンビュランス・チェイシングが加わると問題はさらに複雑になる。被害者の救済は場合によって二の次にされかねない。

図表5　主要国の民事裁判手続のおおまかな比較

事故などの発生	米国	中国	日本
原告団の形成	クラスアクション制度	代表者訴訟制度	・選定当事者制度 ・消費者団体訴訟制度
訴え提起から答弁書の提出まで	・形式要件を満たさない訴状は却下 ・嫌がらせなど不当目的の訴訟提起、答弁書には金銭的制裁も（ルール11）	立案基準（実質要件）を満たすかについて審査、満たさなければ不受理の裁定	・訴状の形式審査 ・裁判長の補正命令
公判前手続／ディスカバリー	・事件に関連する証拠すべてを開示する必要 ・証拠保管義務	・証拠交換制度 ・裁判官主導による調査 ・原則として公判前にすべての証拠を収集	・証拠保全手続 ・訴えの提起前における証拠収集手続
公判審理（主張・立証）	・陪審制 ・集中審理	・集中審理 ・証拠の法廷調査後に法廷弁論	・月1回程度の審理が通常 ・主張・立証の適時提出主義

テーマ 15
国際的消極的確認の訴え

■はじめに

　2013年2月19日に東京地方裁判所の下した判決に、韓国で確定した判決の基礎となった請求権の不存在の確認を求める訴えを、当事者間の紛争解決のために必要かつ適切とはいえず確認の利益を欠くとして却下したものがあった。

　日本企業と韓国企業の争いといえば、新日鐵住金が東京地方裁判所にポスコを相手に起こした損害賠償等請求訴訟につき、ポスコが韓国の裁判所に債務不存在確認訴訟を提起し、ともに2014年12月現在も係属中である。

　内容は大きく異なるとはいえ、どうして一方は確認の利益を欠くとして訴えが却下され他方はそうはならず係属しているのか、素朴な疑問を禁じえない。

　違いが生じたのは、前者の裁判においては、韓国で下された判決が、日本における債務不存在確認訴訟の口頭弁論終結時前に確定していた点に理由がありそうである。そこで、こうした債務不存在確認訴訟提起による「防御作戦」の有効性につき、先例を振り返って検討してみたい。

■1.「関西鉄工事件」の概要

　事件の概要は、以下のとおりであった。
　日本の関西鉄工株式会社は、1966年にA（日本商社）に対してパワープレス機械を売り渡し、その後機械はAの米国子会社であるXからさらにBを経て、ボーイング社（シアトル）に転売された。ところが、ボーイング社の従業員Cが、1968年6月、同機械を使用中に左手中指切断の傷害をうけたことから、1969年5月、B、X、Y（関西鉄工）を共同被告として、米国ワシントン州に損害賠償請求訴訟（以下、「米国第一訴訟」という）を提起した（ただし、この訴訟ではYに対する訴状の送達はなされなかった）。
　同訴訟で共同被告の1人とされたXは、同訴訟においてXが敗訴した場合に備えて、Yに対し金275,000米ドル以上の損害賠償を請求する旨を予告した別の訴訟（以下、「米国第二訴訟」という）を、同じワシントン州の裁判所に提起し、その訴状はYに送達された。
　これに対しYは、1970年、Xが米国第一訴訟に敗訴した場合にXが請求される損害賠償債務について、YがXに対して負担すべき求償債務の不存在確認を求める訴えを大阪地方裁判所に提起し、Xおよびその親会社Aを日本で逆に提訴した。

　日本における訴訟では、外国会社に対して日本国の裁判権が及ぶか、国際裁判管轄権の点がまず問題とされた。
　大阪地裁は、Aに対する訴訟を分離した上で、①本件訴訟の訴訟物である製造物責任者相互間の求償債務の性質は、製造物責任に基づく損害賠償債務と密接に関連するものであって、これと本質的に相違することはないこと、②このような製造物責任訴訟の国際裁判管轄については、日本の民事訴訟法上の管轄に関する規定を参酌し、かつ、条理に基づいてこれを決するのが相当であること、③製造物責任の法的性質は、一種の（特殊）不法行為責任（報償責任）と解することが妥当であり、製造物責任訴訟に関する国際裁判管轄

の有無については（旧）民事訴訟法15条1項の規定を斟酌して、同条同項にいう不法行為地のいかんによって定めるのが相当であり、条理に適うこと、④同条項にいう不法行為地のなかには、加害行為地も含まれると解すべきであるが、本件プレス機械は、日本（大阪市）で設計し、かつ製造したものであり、（設計または製造につき）欠陥のある右機械の製造の加害行為がなされた土地という観点からみると、同規定にいう不法行為地には日本（大阪市）が入ることを示して、日本の裁判所の国際裁判管轄権を肯定した（大阪地判昭48・10・9判時728号76頁）。

「国際的二重訴訟」の点について被告（X）は、同訴訟が米国第二訴訟との関係でいわゆる二重訴訟（旧民事訴訟法231条）に当たると主張したが、同判決は、同条の「裁判所」は日本国の裁判所を意味するものであって外国の裁判所を含まないので二重訴訟には当たらないとした。また、本訴訟がいわゆる将来の確認の訴えであるから訴えの利益を欠くとの被告の主張に対しては、「原告が予め本訴で勝訴判決を取得すれば、その効果として、原告が米国第二訴訟で敗訴した場合その判決のわが国での執行を阻止することに役立つといえるから」訴えの利益を認めることができるとした。

管轄に関する中間判決を経て、大阪地裁は昭和49（1974）年10月14日、「Xが米国第一訴訟において敗訴した場合に、Xが行使を受ける右損害賠償債務についてのYのXに対し負担すべき金9,900万円の求償債務が存在しないことを確認する」との判決を言い渡し、この判決は同年12月5日に確定した（以下、「日本確定判決」という）。

一方、米国においては、同年9月17日、「YはXに対し、金8万6,000米ドルを支払え」との判決が言い渡され、同年10月17日確定した（以下、「米国確定判決」という）。

そこで、Xは米国確定判決を日本で執行しようと、その執行判決を求めて訴えを提起した。被告となったYは、外国判決の承認・執行に関する旧民事

訴訟法200条（現民事訴訟法118条）の要件に照らし、特に日本確定判決の存在を理由に、米国確定判決は承認されるべきではないと主張した。

大阪地裁は、本訴訟提起の際に、原告Xが執行判決を求める本件米国確定判決と同一事実について矛盾抵触する日本裁判所の確定判決が存在し、すでに確定したことを認定した上で、旧民事訴訟法200条各号の要件の充足につき次のとおり判示してXの請求を棄却した（大阪地判昭52・12・22判タ361号127頁）。

> 同一司法制度内において相互に矛盾抵触する判決の併存を認めることは法体制全体の秩序をみだすものであるから訴の提起、判決の言渡、確定の前後に関係なく、既に日本裁判所の確定判決がある場合に、それと同一当事者間で、同一事実について矛盾抵触する外国判決を承認することは、日本裁判法の秩序に反し、［旧］民訴法200条3号の「外国裁判所の判決が日本における公の秩序に反する」ものと解するのが相当である。

関西鉄工のとった「作戦」はうまくいき、米国における敗訴判決の日本での執行を「水際で」阻止することができた。ただ、この「作戦」には賛否両論があり、いくつかの条件が整わないと使えない点にも留意すべきである。

クロスボーダーとはいえ、こうした債務不存在確認訴訟の実質は二重訴訟である。一国の司法制度を越えた国際協調の視点からすれば、好ましくない現象として発生を抑止すべきだとする意見がある。理念的には理解できるが、現実の世界には多数の国家があり、それぞれ異なる司法制度をもっている。国際的二重訴訟の発生を阻止する多国間条約などもない現状では、被告による窮余の防御策としての債務不存在確認訴訟を封ずるのは難しいのではないだろうか。

また、本件のように外国で訴えられた日本企業が、その外国裁判所における訴訟手続は無視する形で欠席し、日本で実質的二重訴訟を提起して防御策とすることについては、国際協調主義から好ましくないとする意見が根強く

ある。

　そうした問題以前に実務上考えておかなくてはならないリスクがある。関西鉄工事件の場合でいうと、同社は米国第二訴訟を提起された時点で米国には執行対象になる資産を有していなかった。そのため、米国第二訴訟の敗訴判決が確定しても、米国内で執行されるおそれはなかった。米国内に執行の対象になる資産があれば、同訴訟手続を無視するリスクは冒せないことになる。

　また、関西鉄工が大阪地方裁判所に提起した債務不存在確認訴訟の勝訴判決は、米国第二訴訟の敗訴判決よりも一歩遅れて確定したのであるが、米国判決の執行を認めるべきかを大阪地方裁判所が決める前に確定していたために、「日本裁判法の秩序」の一部をなしているとされたものである。

　すなわち、日本における債務不存在確認訴訟を反訴被告が本格的に争う、あるいは控訴をするなどしたために判決の確定が遅れていれば、「水際作戦」はうまくいかなかったかもしれない。このタイミング上の不確定要素は見逃すことはできない。

　外国判決が確定し、それを日本において承認・執行を求める段階にまで達しているかどうかは、消極的確認訴訟において確認の利益を認めるか否かの判断に直接影響する。

　冒頭に紹介した東京地裁判決も、外国確定判決の執行判決を求める訴えが日本の裁判所に「現に係属している場合に給付判決の基礎とされた同一の請求権又は実質的に同一の請求権が存在しないことの確認を求める消極的確認の訴えである本件訴訟を許容するならば、執行判決の要件である民訴法118条1号の外国裁判所における国際裁判管轄の有無と表裏一体の関係にある消極的確認の訴えの国際裁判管轄の有無について、執行判決を求める訴えの係属する裁判所の判断と消極的確認の訴えの係属する裁判所の判断とが矛盾抵触するおそれが生じ得るのみならず、請求権の存否についても、外国裁判所の確定判決の判断内容の当否を再度審査して、それと矛盾抵触する判断がさ

れるおそれが生じ得ることとなり…………」としている。

　ただ、これらのリスクがあるにせよ、なお相手方を日本の裁判所に被告として呼びつけて対等に近い関係をつくり出すことの戦略上の意義は大きい。たとえ米国内に資産を有していたとしても、それに対して米国確定判決が執行される前に日本の確定判決を米国に持ち込み、逆に承認を求めることも考えられなくはない。

■2．その後の裁判例
　　──東京地裁平成元年5月30日中間判決

　本裁判例の事案は以下のようなものであった。
　米企業の元従業員による雇用契約上の秘密保持義務違反を知りつつ専用ファイル情報を入手し、日本企業Xにおいて利用したとされる事件である。米国オハイオ州連邦地方裁判所で損害賠償請求の被告とされたXは、米国訴訟の原告（Y）を相手取って東京地方裁判所に債務不存在確認訴訟を提起した。米国法人Yは日本の裁判に出席したが、本案前の主張として、不法行為の主要部分はオハイオ州で行われているので、日本の裁判所は管轄権をもたないと主張した。
　東京地方裁判所は、大略、次のような判決を下した。

> 　違法な情報入手を原因とする損害賠償債権は、民法709条の不法行為による損害賠償債権と同様の性質を有するので、立証の便宜の観点から不法行為地に特別裁判籍を認めた［旧］民事訴訟法15条1項の趣旨を斟酌し、不法行為地が日本国内にあるときは日本の裁判所が管轄権を有するものと解することができる。［旧］民事訴訟法231条にいう「裁判所」とは、日本の裁判所を意味し、外国の裁判所は含まないものと解すべきであるから、本件訴訟は同条に定める二重起訴に当たらない。
> 　国際的二重起訴の適否は、［旧］民事訴訟法200条の外国判決承認制度

> の趣旨に鑑み、将来外国において判決が確定しそれが日本で承認されるか否かの予測に係るところ、米国訴訟において被告（X）が管轄権の不存在を理由に欠席し、**本案審理が行われていないから、本案判決の確定を確実に予測できず**、かつ、同条3号の要件具備は今後の米国訴訟の帰趨及び判決の具体的内容に依存し現段階で確実に予測し得ないから、本訴を不適法として却下はできない。

　結局、日本の裁判所は、外国の裁判所で被告とされ裁判管轄権を取られた日本企業の不利な立場を考え、債務不存在確認を、原則として認めてきた。このことを頭に入れた上で「防御戦略」を構築すべきであろう。

■おわりに

　関西鉄工事件は、筆者が司法修習を終了して入った法律事務所の所長、故大橋光雄弁護士が関西鉄工を代理して手がけた事件であった。筆者が弁護士になった1977年は、大阪地裁の債務不存在確認訴訟判決が下された年でもあり、大橋弁護士からこの事件の意義について聞いたことがある。

　そのときは、国際的な消極的確認訴訟を日本で提起するとの防御作戦の奇抜さに驚くだけであった。だが、その後同じように米国で製造物責任訴訟の被告として訴えられた別の日本企業を代理することになったとき、やむをえず消極的確認訴訟を日本で起こすしかない場合があることを実感した。この事件は、新潟県三条市でスパナやレンチを製造する日本企業が、関西鉄工と同じように第三者申立被告として米国ジョージア州の連邦地方裁判所に訴えられた事件であった。

　米国訴訟の原告は、工場現場で同僚の使っていたレンチが割れて落下した破片で頭部に重傷を負ったとして、レンチを米国内に輸入し販売していた米企業を訴えたが、同社は敗訴した場合に行使を受ける100万米ドルの損害賠償債務について、製造者である日本企業に求償を求める訴えを提起した。

筆者がこの日本企業から事情をよく聞くと、中堅企業で米国内に一切資産はなく、応訴したとしても米国弁護士への報酬支払もままならないというので、日本で債務不存在確認訴訟の提訴に踏み切った。米国内に資産はないといっても、米国訴訟を欠席のまま確定させてしまうのではリスクが大きすぎるので、せめて「水際防御」だけでもという気持ちで日本での提訴となったのである。相手方は日本での訴訟に欠席したため、容易に勝訴判決を得て、確定させることができた（新潟地方裁判所三条支部平成4年4月24日判決）。
　同確定判決をもって米国確定判決が出て日本で承認執行を求められても、これに対抗できるようにいわば待ち構えていたのだが、思いがけず元の米国訴訟が原告被害者の過去に犯した重大犯罪が判明したことで棄却されたために、事無きを得た。

テーマ16 産業スパイ事件

■はじめに

　2013年秋の臨時国会では、特定秘密保護法案が上程され与野党の対立する意見をどう調整するかで審議が難航した。同法案は、①防衛、②外交、③スパイ活動防止、④テロ防止の4分野で特に秘匿する必要がある情報を特定秘密に指定し、これを漏洩した公務員らに対する罰則強化を内容とする。

　同法案が守ろうとしているのは国家機密であるが、民間企業はその事業活動を支える企業秘密を漏洩や盗難から守らないと存続すら危うくなりかねない。

　米国には経済スパイ法と呼ばれ、民間企業を産業スパイから守ることを目的とする法律があり、日本企業はかつて米企業から遺伝子情報を盗み出そうとしたとの嫌疑をかけられるなどした事例がある。

　日本企業による「産業スパイ事件」としてよく知られているのはIBM産業スパイ事件であるが、その後に起こり、産業スパイ法のもとで摘発された事件を併せて取り上げることにする。

■1.「IBM産業スパイ事件」の概要

　1982年6月に起こったこの事件は、米コンピューターメーカー、特に当時圧倒的シェアを誇っていたIBMを追いかけていた日本のエレクトロニクス

業界に大きな衝撃をもたらした。事件は概略以下のようなものであった。

　1982年6月22日、米国司法省は、株式会社日立製作所（以下、「日立」と略す）と三菱電機株式会社（以下、「三菱」と略す）の社員6人を逮捕したと発表した。彼らが各社別個に米国IBM社の秘密情報（文書およびテープ）を取得しようとし、IBMから盗まれたこれらの物を日本に運び出すことを共謀したという容疑である。さらに、その後、3人が逮捕され、日本在住の12人に対しても逮捕状が出された。

　この事件がわれわれ日本人と日本企業に大きなショックを与えたのは、逮捕がFBI（米連邦捜査局）の巧妙なおとり捜査によってなされたという事実があったからである。FBIによれば、このおとり捜査は、1981年に開始され、同年11月以降、日立のH技師が技術コンサルタントを装ったFBI捜査官に近づき、IBMの秘密情報を入手したいともちかけ、その対価を支払った。

　一方、三菱も、IBMのコンピューターに関する情報を得ようと、おとり捜査官に接近、1983年1月から交渉を続け、報酬をめぐって合意がなされた。特に三菱の場合、K技師が、サンフランシスコ国際空港にコンピューター関係の重要部品を受け取りに現われたところを、張り込んでいたFBI捜査官に逮捕された。米政府の輸出許可を得ないでプログラムテープ3巻等を米国外へ運び出そうとしたというのである。

　主な犯罪容疑は、共謀の上、連邦法に違反して盗まれた物、あるいは横領された物であることを知りながら、これを州外または国外へ運ぼうとしたというものであった。おとり捜査の模様は、VTRに録画、録音され、その模様は、米下院の小委員会による産業スパイ等の違法行為を追及する公聴会で公開上映され生々しく再現された。カメラは、おとり捜査官と日立社員との間の金銭授受、その他のやりとり等を詳細にとらえていたといわれる。

　IBMは、FBIによる本件おとり捜査「PENGEN」作戦に全面的に協力をしていた。日本企業をおとり捜査のワナにかける直接のきっかけを作った秘密情報提供者（Confidential Source：CS）の1人は、IBM機密保護担当顧問の

R.C.氏であったことが明らかにされている。

　この人物は、1981年10月、別の「協力者」M.P.氏から「日立がIBMの機密書類・アンディロンダック10冊を入手している」との重大情報を得た。アンディロンダックというのは、IBMの極秘中の極秘文書の暗号名である。ここから日本企業をワナにかけるためのおとり捜査が始まった。

　まず、R.C.氏は、M.P.氏を使って、日立がその機密書類をどのように入手したかをたぐる。M.P.氏のことを10年近くにわたって「信頼のおける相手」とみなしてきた日立は、「資料はIBMのS主任技師から入手した」との手紙をM.P.氏に渡し、M.P.氏は、CSを通じてFBIにこの手紙を見せた。これによって、IBM機密情報流出ルートは一気に明らかになっていく。その後も、CSはおとり捜査のなかで重要な役割を演じていった。

　本件は、刑事事件として米国連邦地方裁判所で裁判が行われ、1983年1月、検察側からの司法取引の提案がなされた。司法取引は、米国刑事司法における特有の制度で、いってみれば刑事における和解である。同年2月には、司法取引が成立し、日立本社に罰金1万ドル、社員には保護観察と罰金刑が科された。三菱の場合も、会社が不抗争の答弁をした以外は同様の刑が科された。

　IBMは別に日立に対してサンフランシスコの連邦地方裁判所に損害賠償（3倍賠償）およびコンピューターの設計、製造、販売の差止めを求める民事訴訟を提起したが、1983年10月に和解が成立した。和解内容は、①日立は事件に関連し、IBMが支出した調査費用と訴訟費用を30日以内にIBMに支払うこと、②日立は、不正取得した情報を今後使用せず、また、そのすべてをIBMに返還すること、および③昭和63年10月1日まで、IBMは日立のコンピューターの全新製品についてIBMの情報が使用されているか否かの検査をする権利をもつなどであった。

　日立は、米国での民事訴訟における和解に先立つ1983年7月、日本においてIBMを逆提訴した。訴訟における受身かつ不利な被告の立場に甘んじて

とどまるのではなく、相手と対等に近い立場で戦おうとしたものである。提訴のわずか3ヵ月後における米国訴訟の和解成立に影響がなかったとはいえないであろう。

■2．米国1996年経済スパイ法の制定

　米国の1996年経済スパイ法（Economic Espionage Act of 1996。以下、「経済スパイ法」と略す）は、1996年10月に制定、クリントン大統領の署名によって発効した。同法は、いわば刑事版トレード・シークレット法といってよい内容で、トレード・シークレットの侵害行為処罰を目的とする。

　経済スパイ法は、1994年に入るころからFBIなどの協力のもとに立法が準備され、1996年に入ってから米議会上院に3本、下院に1本の法案が提出された。当初は、外国あるいは外国企業によるスパイ行為から米企業を守ることに主眼があったが、GATT（貿易と関税に関する一般協定）3条の内外国差別条項に抵触するおそれがあるので、結局、内外国人（企業）に同じく適用される内容に変わったという(注)。

　経済スパイ法の侵害行為には、2つの態様がある。1つは、外国政府・外国機関等のためにトレード・シークレット侵害を行った場合である。もう1つは、行為者が、トレード・シークレットの所有者以外の者の経済的利益のためにトレード・シークレットを横領する意思をもち、かつトレード・シークレットの所有者を害することを知っていた場合であり、この場合は当該トレード・シークレットが、州際または外国通商のために生産され、または流通におかれる製品に関するものでなければならないとの限定がある。

　侵害行為は、①窃盗、②コピー、送信、送付などあらゆる行為を含む。また、窃取行為などそのものにかかわっていなかった場合でも、③侵害行為により得られたものであることを知りつつそのトレード・シークレットを受領、購入等した場合には処罰の対象となる。さらに、④上記行為の予備行為も含

み、⑤共謀に参加した実行行為を行っていない場合でも、他の共謀者が共謀の目的を達するための行為に着手した場合は処罰の対象となる。

経済スパイ法違反に対する刑罰は、外国政府などのための侵害行為について、個人に対して25万ドル以下の罰金、10年以下の自由刑または双方併科となり、法人の場合は500万ドル以下の罰金である。裁判所は罰金額として、上記規定額またはトレード・シークレットの不正取得者の得た利益、または被害者の被った損失額の2倍以下の額のいずれかを選択することができる。

■3．「遺伝子、新薬情報スパイ事件」の概要

米国経済スパイ法が制定、施行になって間もない2001年5月、米司法当局は日本人研究者2名を同法違反の罪で起訴した。起訴事実は、以下のようなものであった。

1997年1月から1999年7月までクリーブランド・クリニック財団のラーナー研究所に勤務し、アルツハイマー病を研究していた被告人Aは、日本の独立行政法人理化学研究所への移籍を決めた後、ラーナー研究所から遺伝子試料を違法に持ち出し、日本人研究者Bなどに送付した。1999年8月、Aはこの遺伝子試料を日本に持ち帰ったが、この間Bは遺伝子試料を隠し持っていた。

米当局は、日本に帰国したAの身柄引渡しを日本政府に求めたが、引渡しはなされなかったため、経済スパイ罪違反の審理は事実上行うことができず、経済スパイ法のもとでの起訴はすべて取り下げられることになった。ただ、米当局は、被告人BがFBIから事情聴取を受けた際に虚偽の供述をした点を捉え追加起訴を行ったところ、Bがこの追加起訴分については有罪を認めたので司法取引が成立した。

そこで、2003年5月28日、オハイオ州クリーブランドの連邦地方裁判所が、司法取引に基づきBについて「保護観察3年、罰金500ドル、地域社会での150時間のボランティア活動」の有罪判決を下した。

なお、理化学研究所は、A、Bが逮捕された直後から自主的に調査を行い、その結果を踏まえ、経済スパイ法違反行為に組織として意図的な関与はなかった旨の理事長声明（2001年7月31日）を発表するなどしていた。同研究所脳科学総合研究センターの所長は別に、基礎科学の研究に経済スパイ法を適用することは疑問である旨の「見解」を発表した。

　2002年6月19日、ハーバード大学元研究者であった日本人のK.K.と夫の中国人研究者J.Z.が、経済スパイ法などの違反容疑でカリフォルニア州において逮捕される事件が起こった。

　両容疑者に対する刑事の手続は以下のような経過を辿った。

⑴　2002年6月27日、カリフォルニア州サンディエゴの連邦地裁は、両容疑者につき保釈を認める決定を下した。保釈金はそれぞれ25万ドルとされた。

⑵　2002年7月17日、ボストン連邦地裁において両容疑者に対する予備審問が開かれ、弁護人は逮捕容疑を全面否認し、連名で無罪を訴える声明を発表した。

⑶　両容疑者が所属する大学と研究機関が、2002年8月9日までにハーバード大学などから移籍後、両容疑者に不正行為はないとする調査結果をまとめた。すなわち、カリフォルニア大学サンディエゴ校は同年8月8日J.Z.容疑者を解雇せず、当初の予定どおり2003年1月31日まで勤務を認めると発表した。サンディエゴのスクリプス研究所は、2002年8月12日、同年6月19日以来のK.K.容疑者に対する停職処分を解き、同年8月2日付で復職させたことを明らかにした。

　この事件では、両容疑者の背後における日本の株式会社MBL（略称）の関与が疑われた。MBLの関与の客観的事実は以下のようなものであった。

⒜　MBLは、1996年頃より、ハーバード大学の事件のあった教室と特別

の研究テーマで協力関係にあり、同教室から、しばしば抗体作製を依頼され応えてきた。
(b) 1997年5月から1998年6月まで、MBLは研究員1名を同教室に派遣した。
(c) 1999年12月、本事件の両容疑者から抗体作製依頼があり、MBLは特許の有無、細胞の登録、新規性等を確認して依頼を受諾した。1999年12月末からMBLは抗体作製を開始した。
(d) 2000年2月、MBLはウサギ免疫の抗体（ポロクローナル抗体）をJ.Z.容疑者などに送付した。この時点で両容疑者は、すでにハーバード大からテキサス大に転職していた。
(e) 2000年5月末を最後に、MBL側から両容疑者にコンタクトできない状況となった。
(f) 2000年7月、MBLはハーバード大学の研究者よりJ.Z.容疑者等がハーバード大学から試料を持ち出したこと、持ち出した遺伝子の権利はハーバード大学及び当該教室の教授に帰属することを理由に、テキサス大学を解雇された事実を知らされた。MBLは同教授から遺伝子について指示がないまま、廃棄も返却もせずに2002年8月に至った。

　こうした事実から米捜査当局は、MBLが両容疑者を使って遺伝子情報を盗み出そうとしたと疑っていたものと思われる。しかし、MBLは両容疑者の逮捕直後から一貫してそうした関与を否定しており、捜査当局も決め手となる証拠を入手できなかったようで、同社に対する立件は見送られた。

　なお、K.K.とJ.Z.に対しては、2005年6月、経済スパイ法の適用は見送られたが、遺伝子情報をハーバード大学研究室から盗み出し、州外に搬送した罪で起訴がなされた。2006年4月13日、連邦地方検察庁は、両被告人が有罪を認める代わりに1年間訴追手続を中断する司法取引が成立したと発表した。1年間の観察期間中違法行為などがなければ、同地検が起訴の取下げを裁判所に申し立てることとされた。

■おわりに

　1980年代に入るころから日米企業の先端技術分野での競争は格段に厳しさを増し、日米欧の3極による三つ巴の通商摩擦にも展開していった。

　摩擦の対象は、エレクトロニクス、バイオテクノロジー、金融サービスというように分野を移しつつ、いってみれば日本企業が米企業の地位を脅かす存在になると、お決まりのように象徴的な事件が起こされてきた。

　これらの事件は、研究者個人によって起こされたものであったとしても、「背後」に企業が犯罪行為への関与をしているときは、疑われることになる。特に経済スパイ法の制定後は、基礎科学の研究者にまで同法が適用されたことからすると個々の研究者も疑いをかけられないよう十分に注意しなくてはならない。2002年8月2日、文部科学省は、研究者が海外で研究活動を行う際に注意すべき心得をまとめた文書を公表した。

図表6　近時の主な技術情報流出事件

年月	内容
2006年8月	N社の元研究員らが、同社の軍事転用可能な部品を持ち出して在日ロシア通商代表部員に渡したとして、警視庁公安部に書類送検された。
2007年3月	D社の中国籍の社員が、設計データを流出させたとして、愛知県警に逮捕された。
2012年3月	YM社の中国籍の社員が、設計図などの情報を不正取得したとして、愛知県警に逮捕された。
2012年10月	韓国大手繊維・化学メーカーのKと同社幹部が、米国デュポンから企業秘密を盗んだとして、米司法省に起訴された。

　（注）本法制定の経緯、背景および内容については、梅田さゆり「米国経済スパイ法」（「国際商事法務」Vol.25, No.2, 121頁以下）に詳しい。

テーマ17 法律の域外適用

■はじめに

　一昔前まで日本企業に対する法律の域外適用といえば、米国の連邦反トラスト法や輸出管理法による場合が代表的であった。いまは、そのうち反トラスト法の域外適用はほとんど影をひそめ、代わって目につくようになったのは、米国の外国腐敗行為防止法（FCPA）の域外適用である。

　こうした変化の理由は何か。反トラスト法の過去における域外適用事例を振り返ることで理由を探ってみたい。

■1．法律の域外適用とは

　法律がその国の領土の外において適用される法律の域外適用は、ほとんどの国がよく行っていることであり特異な現象ではない。2013年9月、日本の自動車マフラー大手メーカーの元専務が中国現地法人の工場において、2006年に公務員に賄賂を贈った科(とが)で日本の当局に逮捕され、その後刑事裁判で有罪になった。同工場が中国の税関から違法行為を指摘された際に、便宜を図ってもらおうと地元政府の幹部に数万香港ドルの現金や女性用バッグなどを渡したという。

　中国で行われた現地公務員に対する贈賄行為につき、なぜ日本の法律（この場合は、不正競争防止法）が適用されるのかといえば、不正競争防止法が

明文で、同法18条（外国公務員等に対する不正の利益の供与等の禁止）に違反する罪は「刑法第3条の例に従う」（同法21条6項）としていることによる。

刑法3条は、放火罪、殺人罪などにつき「日本国外において……………日本国民に適用する」としているように、日本人による国外での行為について日本刑法の適用が認められる広義の域外適用を規定する。

これに対し、刑法2条は、内乱罪、通貨偽造罪などにつき、「日本国外において……………罪を犯したすべての者に適用する」として、外国人の日本の外での行為についても日本刑法の適用を認めている。これは狭義の域外適用である。

米国の反トラスト法などの日本企業に対する適用は狭義の域外適用であるが、刑法以外の日本法であっても、刑法3条を準用することで狭義の域外適用を認める場合がある。自衛隊法122条の規定する「防衛秘密漏示の罪」の場合が典型例であり、ほかにも児童買春罪、犯罪収益等隠匿罪などに関し同様の規定がある。

これらの犯罪はいずれも何人によって行われても日本の国益あるいは公益を重大に阻害し得ることが狭義の域外適用を認める根拠である。

そうだとすれば、反トラスト法の場合にも、その違反が米国の国益、公益を重大に阻害し得るのであれば、狭義の域外適用があたかも米国だけの「得意技」のようにいわれる筋合いはなさそうである。にもかかわらずなぜ米反トラスト法の域外適用が特に国家間の摩擦を引き起こしてきたのか。反トラスト法の域外適用のいわば古典的ケースを振り返ってみることで、その問題点を探ってみたい。

■2．反トラスト法の域外適用事例

(1) アルコア事件

米反トラスト法の域外適用に根拠を与えたのは「効果理論」と呼ばれる考

え方であって、1945年のアルコア事件判決（U.S. v. Aluminum Co. of America, 148F. 416〈2nd Cir.〉）によって確立された。

この事件で問題となった行為は、米国以外の国のアルミニウム精錬会社が行ったアルミ生産量を制限するカルテルであった。各国のアルミ精錬業者は、スイスに設立した国際カルテル管理会社を通じて各業者に生産量を割り当て、これを超過した会社にはペナルティーを課すことにしていた。この割当量には、米国に輸出する分も含まれていたため、各社の対米輸出にはブレーキがかかることになった。

このアルミカルテルは米国から見て外国会社が外国で行ったものである。そこで司法省が反トラスト法違反で訴追した本件裁判では、このような狭義の域外適用が果たして認められるかが焦点となった。判決は、外国人が外国でなした行為であっても、その行為が米国に「効果（effect）」を及ぼし、しかもそのような効果を及ぼす「意図（intent）」のもとになされた場合には、これに対して米国の法律を適用することができると宣明した。

このように広く法の域外適用を認める考え方が「効果理論」と呼ばれるものである。その一方的な考え方には後の判例等によって批判や軌道修正が加えられている。だが、基本的には、この理論が米国法の域外適用を支えてきたことだけは確かである。

(2) アラスカ海産物輸入事件

日本企業に対する反トラスト法適用事例は、ひところの日米通商摩擦のなかでマルチプル・リーガル・ハラスメント（multiple legal harassment）の一環を形成した事例から近時の自動車部品分野適用事例までその数は少なくない。

そのなかで、筆者も弁護士として直接関わった「域外適用」であるアラスカ海産物輸入事件をまず取り上げてみたい。

米国アラスカ州ではズワイガニがとれる。蟹は日本人の嗜好にあった食物であり、日本の水産会社、商社は、ここで現地の漁民がとった蟹を主に米水

産加工業者を通じて買い付け、輸入してきた。

　1981年12月、米国の司法省は、日本の企業が、この蟹の買付けに関して反トラスト法に違反しているとし、刑事訴追の方針を固めた。1980年夏、アラスカの水産業者が「日本の商社、水産会社20数社がサケ、スジコ、カズノコ、タラバガニ、ズワイガニの5品目を不当に安く買い付けた」として、司法省に訴え出たことが発端である。

　司法省は、この訴えを受けて日本側関係企業に書類提出を求めるなどして調査を進めた。その結果、うち8社によるズワイガニの輸入行為に絞って、1981年9月から本格調査に入り、シャーマン法1条違反容疑で摘発することに決めた。

　シャーマン法1条は、米反トラスト法の中核をなす最も重要な規定で、取引制限を内容とする共同行為の禁止およびこれに対する刑事制裁を内容としている。本事件の場合、日本企業8社が、日本における水産物の輸入団体を舞台に会合をもち、ここで蟹の輸入価格について情報を交換し、共同して買いたたきを図ったというのが容疑事実であった。

　日本企業側では、容疑事実を否認、一旦は裁判で争う構えも見せた。だが、この事件の背景には、カズノコの輸入をめぐる不祥事が起こった1979年以来、日本政府が水産業界に対し「秩序ある輸出入を行い」、「過当競争をやるな」という強力な行政指導を行ったことがあったため、日本企業側では、日米政府間での決着を希望し、日本政府は、「日米通商関係に深刻な影響が及ぶ」として、非公式に米司法省の刑事訴追の方針の変更を求めた。

　1982年2月、米司法省は、①同様の輸入行為の再発防止に日本側が積極的、自主的にあたる意思を示すこと、②日本政府が今後「重大な関心」を払うことの2つを条件に、刑事訴追を取り止め、民事手続のなかで、和解で処理することに決定、和解案の作成・交渉に入った。同年6月30日、シャーマン法1条違反による民事訴訟が提起されたが、同時に同意審決（Consent Decree）の形で和解が成立し、事件は決着をみることになった。

同意審決は、被告である日本の輸入業者が、爾後10年間、アメリカ産水産物の輸入について価格等に関する情報交換をしない、司法省は調査の一環として日本において関係企業に直接事情聴取調査を行うことなどの厳しい内容を含んでいた。こうした内容については、当初、日本政府が、水産庁による行政指導を厳しく行うことを前提に、穏やかな内容を望んだが、司法省は「日本政府の行政指導は法的根拠がなく、（同様の不当行為）再発防止には不十分」として突っぱねた。

　日本政府はまた、司法省の事情聴取調査権等は「日本の主権を侵害するおそれがある」ので、場合によっては「司法省係官の入国ビザ（査証）を発給しないことも考慮せざるをえない」との強い態度を示したが、結局、押し切られた形になったと伝えられている。

　このアラスカ産海産物輸入事件で問題とされた容疑行為は、日本企業が日本国内で行ったものであり、被告とされたのも日本企業である。加えて、同意審決によっては、これら日本企業は日本国内において一定の情報交換を行うことを禁じられた。この意味で米反トラスト法の狭義の域外適用が日本企業に対してなされた典型的事例ということができる。

　しかも容疑行為の背後には、日本特有の行政指導があり、それに基づいた輸入に関する情報交換を米司法省が厳しく取り上げたものである。いってみれば、官民一体となった日本的貿易慣行をやり玉にあげたものであり、1970年代後半頃から、反トラスト法の域外適用を通じて通商問題に積極的に介入してきた司法省反トラスト局の姿勢を象徴する重要な事件となった。

■3．近時の域外適用事例との比較

　アルコア事件における「効果理論」に基づき、独占禁止法・競争法の分野で米国はいわば他国に先駆け突出する形で狭義の域外適用を行ってきた。上述したとおり、法律の狭義の域外適用そのものはほとんどの国で行っている。

国益や公益を重大に損なうことを「悪い効果」に置き換えられるほど反トラスト法が米国にとって重要な法律であると諸外国で納得してもらえれば、国家間の摩擦は起こらなかったはずである。

だが、米反トラスト法の域外適用は、協議をするわけでもなく、いきなり一方的になされることが多かったために相手国の厳しい反発を招いた。外交ルートを通じて抗議を行うだけではなく、米当局から行う文書提出や出頭要求に応じることを罰則付で禁ずる対抗立法をした国が少なくなかった。

対抗立法で最も古いとされているのが、カナダ・オンタリオ州が制定したもので、外国政府の命令に従って同州内で行われた事業活動の記録を州外に持ち出すことを禁じた。その後、フランス、オランダ、オーストラリアなどで対抗立法を制定したが、英国の制定した1980年通商利益保護法は内容的に最も徹底したものであった。日本では、対抗立法を検討したものの、これに踏み切るところまではいかなかった。

このように厳しい各国の非難が反トラスト法の域外適用に対して浴びせられたのは、1990年頃までは、競争法違反行為、とりわけカルテルについて厳罰をもって臨むことにしていたのは米国くらいしかなかったからである。

日米の関係でいうと、1990年6月に日米構造問題協議（SII）の最終報告がなされたが、そのなかで米国が日本に突き付けた要求項目は、独占禁止法の強化、流通規制の撤廃、および投資市場の相互開放の3点であった。とりわけ独占禁止法の強化は、刑事罰の発動を含む執行面の強化を主に内容としていた。

日米構造問題協議を通じ日本の独占禁止法が、内容面と執行面の両面において強化されたことが象徴したように、1990年頃からカルテルに対する厳罰主義は米国の「専売特許」ではなくなり、主要国の間で独占禁止法の「平準化」が進んだ。

2000年代に入ると新興国でも独占禁止法・競争法を続々と制定するようになった。2002年にインドが、2006年にはロシアがそれぞれ競争法を制定

し、2008年には中国で独占禁止法が施行になった。日本では、2006年1月から施行になった改正独占禁止法でリニエンシー制度（自主申告による課徴金減免制度）を導入した。

これらの各国におけるグローバルな独占禁止法・競争法の立法動向の結果、米反トラスト法を域外適用する必要はほとんどなくなり、域外適用件数は急速に減少した。米国連邦裁判所が域外適用要件を厳格化、明確化し、いわば自制の動きを見せたことも減少の理由にあげることができる。

■おわりに

反トラスト法に代わるようにして反贈収賄に関する米、英の法律の域外適用がなされるようになった。贈収賄に対する現地法の適用が、言ってみれば甘く、英、米企業の競争上の立場を不当に脅かしていると見られているからであろう。日本企業に対して米国FCPA（外国腐敗行為防止法）が適用され巨額の制裁金を支払うことになった事例は、本書のテーマ9においてもすでに紹介した（76頁以下参照）。

かといって反トラスト法の域外適用事例がなくなったわけではない。近時では、自動車部品についての国際カルテルが代表例である。ただ、その域外適用のあり方は、かつてとは異なる（注）。日本企業としては、独占禁止法・競争法分野におけるグローバルなルール形成の動きに気を配りながら、米国法の域外適用を受けないようコンプライアンス体制構築につとめるべきである。

コンプライアンス体制の中身としては、内部通報のためのヘルプライン、ホットラインの設置が欠かせない。いまは、新興国でも続々と独占禁止法・競争法が制定されていると述べたが、それら立法の多くがリニエンシー制度を含んでいる。国際カルテル案件ともなると、独禁当局間の情報交換がさかんに行われるので、関係各当局にいっせいに自主申告するのでなければ、「情報戦」で後れをとりかねない。そうならないためにもいち早く内部通報など

で情報をつかんでおかなくてはならない。

（注）　この事例における独占禁止法・競争法域外適用の分析比較は、越知保見「部品カルテル問題と日米欧独占禁止法の域外適用（1）、（2・完）」（「国際商事法務」Vol.41, No.10, 1463頁以下およびNo.11, 1609頁以下）に詳しい。

自動車部品
国際カルテル事件と制裁

　自動車部品（ワイヤーハーネス、電気コントロール装置、油送装置など多品目に及ぶ）について日本企業などが国際カルテルに参加していたとして、米反トラスト法のもとで摘発された。ここでは、この事件で日本企業に科せられた刑事制裁内容を、米司法省の公表内容からまとめておく（ただし個人に対する禁錮刑、罰金を除く）。
　自動車部品国際カルテル捜査は、米司法省によるカルテル捜査としてはこれまでの最大規模であった。
　2011年9月29日、F電工が有罪答弁を行い、2億ドルの罰金支払に同意した。
　2012年1月30日、Y総業、D社が有罪答弁を行い、それぞれ、4億7,000万ドル、7,800万ドルの罰金支払に同意した。
　同年4月23日、F社が有罪答弁を行い、2,000万ドルの罰金支払に同意した。
　同年8月28日、N精機が有罪答弁を行い、100万ドルの罰金支払に同意した。
　こうした会社に対する刑事罰とは別に、米国では部品メーカーに対し、部品ユーザーによる3倍額の損害賠償（treble damages）を求める民事訴訟が相次いで起こされた。

テーマ18 フェアユース問題

■はじめに

　フェアユース（fair use）は、一般に「公正利用」とされているが、米国の著作権法にはフェアユースに該当する著作物の利用は著作権侵害にならないとする包括的規定がある。日本にはフェアユースについての包括的な規定がない。そのためデジタルネット時代における新技術や利用形態に対応しきれないおそれがあるとして、日本にもフェアユース規定を導入すべきとする意見が起こってきた。

　米国で、デジタル著作物以前にフェアユース規定が適用になるかどうかが争われたのが、以下に紹介するベータマックス事件である。

■1．「ベータマックス事件」の概要

　この事件は、1976年に映画会社のユニバーサル・シティ・ステュディオ社とウォルト・ディズニー・プロダクションズ社が、ベータマックスVTRの製造者であるソニー株式会社、そのディストリビューターであるソニーの米現地子会社（Sony Corporation of America）、小売業者4社、広告代理店1社およびベータマックスを家庭で使用した個人1名に対して訴訟を提起したことから始まった。

　原告らは、被告らが原告らの有する著作権を侵害したと主張したが、その

内容は以下のようなものであった。

　ベータマックスを家庭で使用して映画などの録画をした個人は、直接、原告らの著作権を侵害した。一方、ソニーをはじめとする法人の被告は、直接侵害者として、あるいは分担寄与侵害者（contributory infringer）として、もしくは、侵害についての代位責任を負うべきである。

　根拠となったのは、米国著作権法の著作権所有による排他的な著作物複製権・許諾権を認める規定（106条）であった。

　対する被告側は、家庭内で使用するために著作物をVTRによって録画することは著作権侵害にはならない、仮にこれが侵害となるとしても、ソニーら被告会社は原告らの主張するいかなる理論のもとでも責任を負わないと反論した。

　第1審となったカリフォルニア州中部地区連邦地方裁判所は、約3年間に及んだ裁判ののち、判決を下し以下のように判示した。

> 　原告らは、制定法の文言は、明瞭であると主張する。彼らによれば、〔著作権法106条は〕著作権者に、『著作物を複製物（copies）』またはフォノレコードに複製する権利を与えたのである。もし議会が家庭での複製を許す意図であったなら、〔本条の〕4、5項におけるような明示的な例外を設けたはずである。
>
> 　被告らは、新著作権法の文言はそのような単純なものではないと反論し、本裁判所はその意見に同意する。立法経過（legislative history）を検討しなければならない。

　その立法経過も分析した結果、同裁判所は、立法者（連邦議会）は、家庭でのVTRによる録画まで禁止することを企図してはいないと判断したのである。

　米国著作権法107条は、いわゆるフェアユース（fair use）の法理を規定

している。同条は、「第106条の規定にもかかわらず、著作権のある著作物の公正な、批評、解説、ニュース報道、教授、学問研究または調査」の目的のための複製、複製物の使用は、著作権の侵害にならないとして、具体的事件において「公正な使用」であるかどうかを決定するために考慮すべき要素として、以下の4つを掲げている。

① 使用の目的・性質
② 著作物の性質
③ 当該著作物全体との関係において、使用された部分の量と重要性
④ 当該著作物の潜在的市場または価値に対して与える使用の効果

　連邦地裁は、これら4つの判断基準を本件事件に適用するにあたって、重要な先例であるWilliams & Wilkins Co. v. United States事件判決を多く引用した。この事件で、合衆国請求裁判所（U.S. Claims Court）は、国立衛生研究所と国立医学図書館が原告会社の発行する雑誌をすべて丸ごとコピーすることがフェアユースになると判示した。

　ベータマックス事件で連邦地裁は、フェアユース認定上の4基準のうち最も重要なものと目されている著作権者の被る損害について、原告らが主張する潜在的損害のおそれは、あまりに推論的（speculative）であって重要ではないとして、原告らの主張をしりぞけた。

　第1審判決に対して、原告らが控訴し、控訴審となった連邦第9巡回控訴裁判所は、1981年10月19日、第1審判決を覆し、フェアユースの法理は、家庭内のVTRの使用を認めるものではないとした。家庭内のVTRによる録画が個人使用目的であっても著作権法を侵害するか否かという核心的問題について、控訴裁判所は次のように、第1審とは全く正反対の判断を示したのである。

著作権法106条について同裁判所は、その文言が不明瞭であるため、これを解釈するにあたって、「裁判所は、注意深く構築された法文の体系を、強いてそうしなければならない理由もなく撹乱すべきではない」とし、同条の立法趣旨について第１審の認定を覆した。さらに、著作権法106条の規定は十分明瞭であるため、同条以外に解釈の指針を求める必要はないとする。第１審裁判所が、立法趣旨を探るために、1971年著作権法改正のやりとりを引用して論じている点については、「まったく筋ちがいの」ものであるとした。

　次いで、控訴審は、フェアユースの法理について、この法理が「著作権法の中で最もやっかいなもの」であるとする。そして、この法理の適用を論ずるにあたって第１審同様、国立衛生研究所や国立医学図書館が医学雑誌を大量にコピーし問題となったWilliams & Wilkins Co. v. United States事件を引用した。

　すなわち、この医学雑誌大量コピーの事件では、請求裁判所が、原告を勝訴させた場合に医学界が被る重大な損害を考慮し、国立衛生研究所や国立医学図書館が、著作物である雑誌論文をそっくりコピーすることは「フェアユース」であると判示した。この判決は、著作権法の体系を骨抜きにするものとして多方面で批判されたが、結局、連邦最高裁によって支持されている。

　本ベータマックス事件の控訴審は、著作権者の利益に対抗し得るような社会的利益が存在しないことをもって明白に区別されるべきものとしたものである。

　さらに、控訴審は、フェアユースになるかどうかについて、第１審裁判所が考慮したと同じファクターを検討したが、その内容は、以下のようにまとめられる。

テーマ 18　フェアユース問題

> ①　家庭内で放送電波をレコーディングするときは、著作物の一部ではなく全部をコピーすることが多いが、著作物の全体をコピーする場合、フェアユースの法理は適用されるべきではない。この場合、原告のディズニーやユニバーサルに損害をもたらす。
> ②　著作権法の規定は、著作物の非商業用の家庭内での使用か商業用の使用かという区別をしていない。同法は、商業目的と非営利的な教育目的とを対比するが、個人の便益のために娯楽用著作物をコピーすることは後者に含まれるものではない。

　また、控訴裁判所は、個人による家庭内でのVTR使用が著作権を侵害するとしても、ソニーらは責任を負わないとする第1審の判断にも反対した。
　事件は、控訴裁判所によって連邦地裁に差し戻された。被告らは、再審を請求したが、1982年1月12日、控訴裁判所はこれを却下した。

　控訴裁判所の逆転判決は、米国社会に大きな衝撃を与えた。それは極めて多くの家庭で日常的にVTRを使ってテレビ番組などの録画が繰り返されてきたからでもあった。控訴審の判決に反対する立場からは、この問題は裁判所ではなく議会において立法的に解決すべきであるとの主張がなされ、実際に米上院、下院には家庭内でのVTR録画が著作権を侵害しないことを内容とする法案がいくつか提出された。
　これらの法案を成立させるために多くの利害関係グループがロビイングを繰り広げるなどしたが、1982年6月、連邦最高裁判所がこの事件について上告を受理することにしたのちは、論争の舞台は同裁判所に移った。
　1983年に入り、連邦最高裁は本事件について口頭弁論を開き、事件の審理は1983年秋まで延期されることとなり1984年1月18日、最終的にソニー側勝訴の判決を下した。判決の理由は、第1審と基本的に変わらない。

■2．フェアユース規定の日米比較

　日本の著作権法は、著作権者に無断で著作物を二次利用できる場合を限定的に列挙している。私的使用のための複製（30条）、図書館等における複製（31条）、引用（32条）、教科用図書等への掲載（33条）、その他である。

　ただ、「公正利用なら著作権者の許可不要」とする米国法のような包括規定ではないため、インターネットの検索エンジンで検索作業の前提としてデータベースへ著作物の複製をするには著作権者の承諾が必要になる。

　米国著作権法の規定は、判例が作り上げたフェアユースの法理を明文化したものである。同法も日本法のように権利制限の具体的な規定を置いてはいるが、それらは、包括的なフェアユースの規定の例示的列挙と考えられている。フェアユースの規定はあくまで抽象的な判断要素を示すだけで、何が公正利用になるかを定めていない。判断要素は、著作物の①使用目的、②使用量、③創造性、および④権利者の被害の程度である。

　包括的規定の判断要素をもとにして具体的な行為がフェアユースになるかどうかを判断するのは最終的には裁判官である。ただ、日本では、著作権法30条以下は限定列挙であって、フェアユースのような包括的な権利制限は解釈論として認められないとするのが判例である。

　ウォール・ストリート・ジャーナル事件では、英字新聞の日本語要約版の作成が新聞社の編集著作権を侵害するかどうかが問われたが、東京高等裁判所判決（平成6年10月27日）は、次のように述べて要約版作成が公正利用として許容されるべきとした主張を失当とした。

　著作権法は、30条ないし50条において著作権が制限される場合を個別的に定めており、一般条項としての公正利用の規定は存しない。公正利用の抗弁をわが国著作権法のもとでも認めるべきか否かの議論は始まったばかりであり、何をもって公正利用とするかの解釈論はおよそ固まっていない段階である。したがって、右個別の制限の規定の範囲で、例えば引用（同

法32条）等により、著作物を利用することが可能である以上、安易に「公正利用」といった曖昧な概念を導入し、著作権者の権利を不当に狭めることがあってはならない。

　このように日本の著作権法には米国におけるような包括的なフェアユース規定がなく、判例もこれを是認してきた。ただ、このままでは最近のデジタルネット時代における新技術や利用形態に柔軟に対応しきれないおそれがあるとされてきた。特に、インターネットの検索エンジンは、インターネット上の著作物を自動的プログラムで随時サーバーに収集、複製、解析の上、ユーザーの要求に応じて必要部分を取り出しインターネットで送信するものであり著作権法違反となってしまうので、日本で検索エンジンのビジネスが育たない最大の理由はここにあるとされたのである。

　そこで「日本版フェアユースの導入」に向け著作権法を改正することとし、2012年3月に国会に改正法案が提出された。改正法案は、フェアユースの点だけでなく、アクセスコントロールの保護、国立国会図書館による図書館資料の公衆送信に対する権利制限、公文書館での資料利用に対する権利制限なども内容にしていた。改正法は2012年6月20日成立、同年同月27日公布、2013年1月1日から施行になった。
　「日本版フェアユースの規定」として改正法は、著作権法30条の2ないし4および47条の9を設けた。改正の概略を、条文に即して述べるならば次のようになる。
　改正法30条の2ないし4は、いわゆる「写り込み」（付随対象著作物の利用）等に係る規定である。文化庁によれば著作権者の利益を不当に害しないよう「いわゆる『写り込み』等に係る規定の整備については、著作権者の利益を不当に害しないような著作物等の利用であっても形式的には違法となるものについて、著作権等の侵害とならないことを明確にするため、利用目的や要件を一定程度包括的に定めた」という。

第30条の2が、「付随対象物の利用」に関する。

第30条の3が、「検討の過程における利用」に関する。

第30条の4が、「技術の開発又は実用化のための試験の用に供するための利用」に関する。

第47条の9が、「情報通信技術を利用した情報提供の準備に必要な情報処理のための利用」に関する。

■おわりに

ベータマックス訴訟は、連邦最高裁判所まで争われ、米国著作権法における包括的な内容のフェアユース規定のメリットを発揮する形で終わった。対する日本の著作権法は、2012年の改正が行われる前は特に個別具体的に権利を制限する規定を置き問題に対応してきた。

日米いずれの著作権法制がフェアユース問題の対応に優れているかを論ずるとき、よく引き合いに出される先例がベータマックス訴訟である。

ただ、ベータマックス訴訟が日本で起こったと仮定すると、当時から日本の著作権法は私的使用のための複製を認めていた（30条）のであるから、大きな訴訟として激しく争われることすらなかったのではないかと思われる。

2012年改正も立法を検討した過程では、「公正な利用を包括的に許容し得る権利制限の一般規定」（知的財産戦略本部・デジタルネット時代における知財制度専門調査会の報告から）の導入をめざしたが、結局、こうした一般規定は改正に盛り込まれなかった。

そのため、2012年改正は「竜頭蛇尾」に終わったと評されたりもしている。だが、新しい法律問題への対応における彼我の違いは、つまるところ、判例法主義と制定法主義の差からくるような気がする。

テーマ19 国際倒産事件①

■はじめに

　海外にも資産を持ちグローバルに事業を展開する企業が倒産すると、国際倒産事件として複数の国で法的処理が行われることになる。日本企業の国際倒産事件も、これまで数多く起こっている。どのような法的処理がどこでどう行われるかは、いずれの外国が関わることになるのかによっても大きく異ならざるを得ない。

　例えば、製造業の日本企業が中国に工場を所有し操業している状態で破産し、日本で破産管財人が選任されたとする。この場合、管財人の財産管理権限が中国にある工場にまで及ぶかどうかは日本の倒産法制だけで決めることはできない。資産のある中国においても破産手続を申し立て、いわゆる国際並行倒産になるかもしれない。

■1．国際倒産処理のグローバルルール

　国際並行倒産は、上記の例と逆に外国企業が日本に資産を有したまま倒産した場合にも起こり得る。いずれの場合であっても、条約などで、一国で開始した倒産手続の効力が他国に及ぶようになっていれば、二重、三重の倒産手続を避けることができる。

　この点に関するグローバルルールが国連条約としてできているわけではな

い。ただ、国連国際商取引法委員会（UNCITRAL）は、国際倒産処理のためのモデル法を策定し、1997年12月の国連総会において、加盟各国が同モデル法を尊重した法整備を行うよう勧告する決議を行った。

日本は、国連勧告に応じて2000年11月、外国倒産処理手続の承認援助に関する法律（以下、「承認援助法」と略す）を制定し、2001年4月から施行している。

承認援助法1条は、同法の目的を「国際的な経済活動を行う債務者について開始された外国倒産処理手続に対する承認援助手続を定めることにより、当該外国倒産処理手続の効力を日本国内において適切に実現し、もって当該債務者について国際的に整合のとれた財産の清算又は経済的再生を図ること」と規定している。

世界規模ではないが、EU（欧州連合）は、1995年にEU倒産条約を公表しており、同条約は、ほぼそのままの内容で2000年5月、倒産手続に関するEU規則（レギュレーション）となり、2002年5月31日に発効した。

この規則（レギュレーション）は、EU法の法形式の1つで、加盟国およびその国民を直接拘束する。

EU倒産規則は、前文、第1章「総則」（1条～15条）、第2章「倒産手続の承認」（16条～26条）、第3章「付随的倒産手続」（secondary insolvency proceedings）（27条～38条）、第4章「債権者に対する通知と債権届出」（39条～42条）、第5章「経過規定・最終規定」（43条～47条）、および3種の付表によってなる。

EU倒産規則の内容上のポイントは、4つある。第1は、国際倒産管轄と倒産手続の対外的効力に関する（4条）。EU倒産規則では、債務者の主たる利益の中心地があるEU加盟国の裁判所が普及効をもつ倒産手続を開始できる（主手続）。他方、債務者の従たる営業所があるにすぎない加盟国裁判所は、属地的効力の付随的手続のみ開始できる。

また、主手続と調和しない属地的並行倒産手続の開始をできるだけ制限す

るため、主手続に先行する属地的倒産手続の申立権者はローカルな債権者に限定される。EU倒産規則は、こうした主手続の普及性および債権者平等原則を根拠に、不当利得返還義務と破産配当算入原則を定める（20条）。

第2は、外国倒産手続の承認に関する。EU倒産規則では、債務者の「主たる利益の中心」が存在する国の裁判所は、「主倒産手続」を開始でき（3条1項）、その効力は他の加盟国に自動的に拡張され承認される（16条）。開始決定に対する執行判決、承認決定その他効力拡張手続は不要であり、承認国で公告がなされなくてもよい（21条）。

公告は外国管財人が他の加盟国で権限を行使するための要件ではないが、外国管財人の申立による公告の制度を設け（同条）、その細目は公告地法に委ねている。法的確実性の担保と裁判の国際的調和（法廷地漁り、フォーラム・ショッピングの防止）のために統一的倒産抵触規定が設けられており、承認された主倒産手続の効力も主倒産手続開始国法による（4条1項）。

第3は、並行倒産の調整に関する。EU倒産規則の修正的普及主義のもとにおける主倒産手続よりも後に始まる付随的倒産手続は、主倒産手続の管財人によるコントロールに服する。また、主倒産手続管財人は、付随手続の中止を申し立てて和議・更生計画などを提案することができる（33条、34条）。債務者の従たる営業所所在地で開始される属地的倒産手続には、加盟国内に常居所、住所、本拠を有するすべての債権者が届出可能で、主倒産手続と属地倒産手続の双方に届出を行うことも、競合する属地倒産手続に重複して届出を行うことも許される（39条、32条1項）。ただ、債権者平等取扱いの見地からする配当調整のルールが設けられており、すでに配当を得た債権者は、他の倒産手続において「同順位の債権者または同一の組に属する債権者が同一の配当を受けるまで」、配当を受けることができない（20条2項）。

後発的付随倒産手続と主倒産手続の管財人は互いに協力および情報交換義務を負い（31条）、相互の手続に一括して債権届出を行い（32条2項）、外国倒産手続の債権者集会などに参加できる（同条3項）。そして、主倒産手続の管財人は、①付随手続の開始申立権（29条）、②付随手続の財団の換価・

使用についての提案権（31条3項）、③付随手続における換価中止申立権（33条）、④付随手続における和議・更生計画などの提案権（34条）、を通じてコントロールを行う。付随倒産手続の残余資産は、主倒産手続の管財人に引き渡される（35条）。

　第4は、倒産国際私法に関する。EU倒産規則は、かなり詳細な国際私法規定すなわち準拠法に関する規定を置く。EU倒産規則では、主倒産手続の効力は、他の加盟国に自動的に拡張され、その内容は原則として手続開始国法による（4条）。ただ、信用保護および取引の安全（内国利益の保護）の見地から、例外的に主倒産手続開始国以外の構成国に存在する財産上の一定の権利には主手続の効力が及ばないものとし、あるいは一定の場合には、主倒産手続開始国以外の構成国の法が例外的に適用されると規定する。

　前者の例外には、担保権などの第三者の物的権利や所有権留保における売主の権利（5条、7条）がある。後者の例外は、①倒産手続開始後の相殺の許容性、②不動産の使用または取得に関する契約や労働契約のような特殊な双務契約に対する倒産手続の効果、③決済システム・金融マーケットの参加者の権利義務、④登記すべき権利、⑤第三取得者の保護がある。

■2．承認援助法のもとでイタリア破産手続の承認が争われた事例

　UNCITRALモデル法やEU倒産規則に言及し、特に後者についてはやや詳しく内容まで紹介したのは、日本の承認援助法がこれらグローバルルールの影響を受けて制定されたからである。

　承認援助法は、それまで日本の倒産法制が採用していた属地主義を廃し、普遍主義をとり入れた。だが、普遍主義によるとしても日本での倒産手続の対外的効力は、関係する外国の法律が日本の手続の効力を承認するのでなければ意味がない。加えて、複数の外国で先行して倒産手続が進行していて、そのいずれを日本で承認すべきかを決めなければならないこともある。

下に述べる比較的最近の裁判例（東京高裁平成24年11月2日決定）は、UNCITRALモデル法がとっているCOMI（center of main interests）を基準に決めている。

　同裁判の事案は、次のようなものであった。

　米国に登記上の本社があり、イタリアに有力な営業拠点をもつ会社（A）のイタリアにおける従業員と税務当局が債権者としてボローニャの倒産裁判所に申立をしたことから、同国での破産手続が開始した。その後、米国の本社が米テキサス州西部地区連邦破産裁判所オースティン支部に申立を行い、連邦倒産法第11章に基づく、いわゆる「チャプター・イレブン手続」が開始した。さらに米国本社は東京地方裁判所に承認援助法に基づく申立をしたため、同法のもとで米国倒産手続が承認され、承認援助処分としてA社に対する債権者による強制執行等を禁止する旨の決定が下された後、イタリアの破産管財人が東京地方裁判所にイタリア破産手続の承認を申し立てた。同地裁はイタリア管財人の申立を棄却したので抗告がなされたが、東京高裁は抗告を棄却した。

　承認援助法の「主たる営業所」に相当する概念として、同法の基になったUNCITRALのモデル法では「主たる利益の中心」（COMI）が用いられており、これがいずれの国にあると認められるかが争点になった。

　東京高裁決定は、抗告人は、UNCITRALにおいて、COMIの判断要素は、①債権者から容易に認識可能な場所、②債務者の主要な財産またはオペレーションの認められる場所、③債務者のマネージメントの行われる場所とすることで議論がまとまりつつあり、本部機能ないし中枢は判断要素とすべきではない旨主張するが、UNCITRALの第5作業部会（倒産法）の第41回会合において、本部機能ないし中枢がCOMIの判断要素であることが否定されたということはできないとした。

　その上で決定は、A社がホームページ上でも米国を本店と表現することの

対比において、イタリア営業所を「欧州の本店」（European HQ）と表記していたこと、イタリア破産手続の開始決定においても、「海外に主たる所在地を有する企業は、イタリアに営業所を有する場合か、少なくともイタリア国内における代表者が定められている場合にのみ、イタリア国内にて破産宣告を受けることができる」旨の判断がなされ、米国が、主たる所在地であることを前提としていることからすると、債権者から容易に認識可能な場所は米国であるとした。

さらにA社の新経営陣は、テキサス州オースティンに事務所を置いて同所で勤務し、本件再建計画に沿って、支援元の1つであるGとの間で本件ライセンス契約や同契約に係るソフトウェア製品の保守等を行うサービス受託契約を締結し、各国の子会社の従業員に新経営陣の方針を伝えたり、家賃やリース料金等の期限の到来した債務の支払を指示したりしたことに照らせば、本件債務者のマネージメントの行われていた場所は米国であるということができるとして、結局COMIの所在地は米国であるとした。

■3．船会社、航空会社の倒産事例と承認援助法の適用

船会社が倒産すると、国際倒産処理が必要になることが多い。船の多くはクロスボーダーで移動することを予定しており、日本の領海を離れれば直ちにこれに対して日本の倒産手続の効力が及ばなくなるおそれが生じる。その点、航空機の場合も同様である。

承認援助法の施行以前の1986年2月に会社更生手続開始決定のなされた三光汽船事件と、同法施行後の2010年1月に同手続開始決定がなされた日本航空事件を比較すると、承認援助法のメリットがよくわかる。

三光汽船株式会社の場合、1985年8月13日に会社更生法の適用を申し立てた時点で、同社の船は世界の海を航行しあるいは外国の港に停泊したりしていた。会社更生法のもとでは、裁判所が更生手続の開始決定前であっても、利害関係人の申立や職権により、会社の業務および財産に関し、処分禁止の

仮処分その他の必要な保全処分を命ずることができるとされている（旧会社更生法39条、現会社更生法30条１項、承認援助法28条参照）。債権者が「われ先に」と倒産企業の資産に群がって、「早い者勝ち」の奪い合いをするのを防止するためである。

　だが、この保全処分の効力は日本の外にある船舶などの資産には及ばなかった。当時、破産や会社更生のような倒産手続が日本で開始したとしても、倒産企業の日本国内にもつ資産にしか効力を有しないとする属地主義がとられていたからである（旧破産法３条１項、旧会社更生法４条１項）。

　実際に、三光汽船の債権者は、会社更生の適用が申し立てられた直後の保全管理期間中に、現地法に基づいて、ニューヨーク、ホノルル、シンガポールなどで同社船舶を差し押さえた。

　属地主義は、当時多くの国で採用されていたため、１人の倒産者について複数の国でそれぞれ倒産手続が進行する国際並行倒産を避けられなかった。属地主義に対するのは普遍主義であるが、仮に日本だけが普遍主義を採用したとしても、関係他国・地域がこぞって日本の手続の効力を認めて協力してくれなければ意味がない。多国間での歩調をそろえたグローバルなルールの導入を待つしかなかった。

　一方、日本航空の場合、会社更生手続開始決定について米国、英国などいくつかの国において承認手続の申立を行い、それぞれ速やかな承認決定が下ったとされている。申立の狙いは、航空機が外国で差押えられるのをあらかじめ防止することにあった。諸外国のなかでUNCITRALのモデル法をとり入れた国は多いが、米国の場合、連邦倒産法第15章がモデル法をほぼそのままの形で取り込んでいる。こうした状況から、グローバルな国際処理ルールの普及を生かすことができた。

　三光汽船は、1998年に更生計画を終了させその後順調に業績を回復させてきたが、2008年９月のリーマンショックを境に業績が再び悪化し始め、2012年３月に事業再生ADRを申請するに至った。ところが、事業再生ADR

の場合、自主的整理手続であるため法的拘束力を持たず、2012年5月にはノルウェーやギリシャの船主が、用船料の支払延期に対抗して三光汽船の「さんこうみねらる」号の差押を行った。これによって、考えていた再生計画の実行が難しくなり、同年7月に再度、法的手続である会社更生法の適用を申請せざるを得なくなった。

■おわりに

　グローバルな事業展開をしている企業が倒産状態に陥ると、多くの場合、ADRなど任意の手続か法的手続いずれかの選択を迫られる。次に、清算型か再建型かいずれの倒産処理によるかの選択をしなくてはならない。いずれを選ぶにしても、日本のハブが戦略を立てて、各国、地域の倒産法制との調整を図りながら倒産処理を進められるかどうかが、国際倒産事件の成否を左右する。

　ポイントになるのは、倒産法制のグローバル化が遅れた新興国に所在する資産や現地法人の処理である。再建型の倒産処理手続が整備されていない中で、任意の手続で債権者（団）の同意を取り付けて同様の効果をもたらせるかどうかも問われる。

テーマ20
国際倒産事件②

■はじめに

　テーマ19では、国際倒産処理においていわゆる国際並行倒産を避けるためのグローバルルールの浸透を取り上げた。そのグローバルルールを日本で国内法化した、外国倒産処理手続の承認援助に関する法律（以下、「承認援助法」と略す）の施行前の三光汽船会社更生事件と、施行後の日本航空会社更生事件とを比較しながら事例研究を行った。

　ここでは、海外とりわけ中国など新興国・地域に現地法人を持ち事業展開を行っていた日本企業が倒産した際に、そうした海外子会社の処理をどのように行ったかを、筆者が債権者側で関与したいくつかの事例で検討してみたい。

■1．「三田工業事件」の概要

　三田工業株式会社は、1998（平成10）年8月10日、大阪地方裁判所に会社更生法の適用を申し立て倒産した。同社は半世紀の歴史をもつ複写機メーカーであり、負債総額は約2,000億円（うち海外子会社の保証債務約500億円）であった。負債額は、当時メーカーとして史上最大規模であったこと、公認会計士も関与した巨額の粉飾決算が行われたことから注目を集めた。

国際倒産の先例として見たときは、東アジアを含むすべての海外子会社で銀行団との交渉によって再建が図られた点は特筆すべきである。

三田工業は、当時、海外拠点に完全子会社を設立するやり方で、海外進出を行い、グループ社員（約6,000名）のうち約36％に当たる2,200名は海外現地法人勤務であった。香港の現地法人であるミタホンコンは、従業員数1,000名強でグループの６割強を生産する工場を抱えていた。

ミタアメリカおよびミタヨーロッパは、それぞれ北米市場、欧州市場における販売を担当していた。前者はグループ全体の約４割を販売していた。後者は欧州各国に設立された販売子会社を統括し、グループ全体の約22％を販売していた。海外販売比率が全体の約７割に及ぶ国際企業の倒産であった。

生産拠点であるミタホンコンは、三田工業から有償支給された部品とアジア各地の協力会社から購入する部品でコピー機を製造した。欧州市場向けは一旦ミタヨーロッパに販売・出荷され、同社から欧州各国の販売子会社に再販売された。それ以外は、米国向けを含め三田工業を一旦経由して各地の現地法人に販売された。

日本国内で作られた製品は、三田工業を経由しミタヨーロッパあるいはミタアメリカほかに販売された。グループ各社間の債権債務関係を整理すると、ミタホンコンは三田工業とミタヨーロッパに売掛金債権を有し、部品につき三田工業に対し買掛金債務を負っていた。ミタヨーロッパは、三田工業とミタホンコンに対して買掛金債務を負い、欧州各国の現地法人に対しては売掛金債権を有していた。ミタアメリカは、三田工業に対して買掛金債務を負い、全米の代理店に対して売掛金債権を有していた。

海外３拠点は、それぞれ銀行から多額の借入れをしており、三田工業が借入債務を保証していた。保証人であり親会社でもある三田工業の会社更生手続申立は、各現地法人の対銀行債務のデフォルト事由にあたり、期限の利益を失わせることとなった。

その債務額は、ミタホンコンが259億円（日系金融機関12社・現地１社）、

ミタアメリカが107億円（日系金融機関9社・現地2社）、およびミタヨーロッパ（日系金融機関7社・現地2社）が14億円であったという。金額はいずれも銀行預金相殺後であり円換算率は会社更生申立時による。

　三田工業の更生手続のなかでは、京セラ株式会社が支援企業として早い段階から名乗りをあげていた。同社は三田工業グループの持つ海外での生産・販売ネットワークに魅力を感じていたからとされている。
　そのため、京セラによる支援で三田工業の更生がなるかどうかは海外主要拠点での事業継続いかんにかかることとなった。具体的には、保全処分発令時から保全管理人代理である日本の弁護士が現地に乗り込み、現地法人を指揮する体制がとられた。日本の親会社を中心とする一元的なグループの再建が図られたのである。ポイントになったのは、海外各主要拠点で法的再建手続をとれるかどうかであった。香港には再建型倒産手続がないので、以下のような方針が立てられた。

> ①　債権者との任意の債務免除、弁済猶予交渉を行って合意をめざす。
> ②　再建案の合意までの間、債権者と「スタンドスティル契約」をとり交わして支払猶予を受け、資産・営業を現状維持しつつ再建計画案作成の環境を作る。
> ③　銀行は銀行団を構成し、バンクミーティングを行うが、大口の貸出行が中心となってステアリングコミッティをつくり銀行団内部の意思形成を行うので同コミッティとの意思疎通をはかる。

　これらの方針に従って銀行と話し合いが行われた。香港、中国本土、東南アジアの部品メーカーなどの協力会社については弁済禁止などの法的手段がとれないことから、生産継続のため、それまでの債務の全額弁済もやむなしとの判断がなされた。保全管理人が主催して債権者・協力会社への説明会が開かれ、部品の継続的供給の要請および裁判所の許可を条件に、従来の債務

の全額弁済を行うことが表明された。

　ミタヨーロッパは、オランダに本社があり、同国法には再建型倒産手続がある。ただ、このもとで法的手続に入ると裁判所選任の管理人に資産管理が委ねられることになり、ミタヨーロッパ傘下に置かれた欧州各国の販売子会社の存続まで左右されてしまう。グループ全体の柔軟な話し合いによる事業存続をめざす考え方から、債権者である銀行9行（うち7行は日系）との協議を優先し、法的再建手続の申立は当面見送ることとされた。

　ミタアメリカにおいても、米国連邦破産法第11章（チャプター・イレブン）の手続申立は見送られた。その主な理由は、以下にあったと説明されている。

　ミタアメリカの債権者が三田工業を除けば外銀2行と日系銀行9行と少数であったこと、同社の財政状況は比較的健全であり、製品の供給が継続される限り、債務弁済の繰延べ合意さえできれば営業を継続できる状況にあったこと、およびチャプター・イレブンの手続をとるとオートマティックステイ（自動支払停止）が発動され三田工業の仕入代金の支払まで止まってしまい、三田工業グループ全体の再建に重大な悪影響を及ぼすおそれがあると判断されたことなどである。

　そこで、他の主要拠点におけると同様に、銀行団との協議でその理解をとりつける方途が探られることになった。

　海外主要3拠点でそれぞれ交渉がなされたスタンドスティル契約は、ほぼ共通した内容をもっていた。その骨子は、営業・生産の継続を認める代わりに、弁済計画の合意が得られるまでは、①全資産を集合物担保として銀行団への担保に供する一方、保全処分発令時の資産を保持する範囲で、ミタ側は自由な出荷・入出金ができる、②銀行団の経営監視権として具体的には公認会計士などによる監査を受け入れる、および③一定の行為についての銀行団の同意を必要とする、というものであった。

　ミタホンコンは、三田工業に対する売掛金債権が資産の多くを占めていたことから、一般債権の配当率を18％とする三田工業の更生計画によって大

幅な債務超過に陥ることになった。この点は、もともと財務内容が悪くなかったミタヨーロッパおよびミタアメリカとの違いであり、銀行団との間で債務免除をめぐって厳しい交渉がなされた。

銀行団は、香港で借り入れた資金も結局は三田グループ全体に流れているので、100％弁済を前提とするリスケジュールの申し入れがなされていた米国、欧州におけるのと同率の配当をすべきである、金融機関が債務免除を認める際の4条件、すなわち再建計画の実現可能性、企業存続の社会的意義、モラルハザードを起こさない、および債権者にとって最大有利を満たしていないなどの反論をした。

香港の監査法人が再建計画案を作成することとなり、一括弁済案と長期分割弁済案の2案が示された。これをもとに更生計画に海外での回収についてのホッチポットルールを盛り込むとともに、ミタホンコンとの協議の成否を銀行に対する三田工業の配当開始の要件とし、抜け駆け的なミタホンコンからの回収を三田本社配当から控除するとの調整条項を入れた更生管財人案が作られた。

ホッチポットルールは、2000年4月1日から施行になった民事再生法の89条で日本にもとり入れられ、その頃改正された会社更生法と破産法もとり入れた。民事再生法は、内国再生手続の対外的効力を認める規定をしたが、このことは在外財産も再生債務者の事業の再建のための原資として意味をもつ。

ただ、再生債権者が外国で強制執行したりすることをすべて阻止はできない。その外国が日本の倒産手続の効力を認めるかどうかにかかっているからである。

本ルールは、この点、再生債権者が在外財産から受けた満足を有効とみた上で、当該再生債権者は弁済を受ける前の債権を全額をもって再生手続に参加できるが、他の再生債権者が、自己が受けた弁済と同一割合の弁済を受け付けるまでは、再生手続により、弁済を受けることができないという一種の

配当調整をする。

　ちなみにhotchpotは、英国法の用語で「財産併合」を意味する。古いフランス語から生まれた法律英語であるが、同じ語源でhotchpotchは、野菜や肉の入ったごった煮、シチューをあらわす。いずれも、さまざまなものを寄せ集める点で共通する。

■2．「ヤオハン事件」の概要

　株式会社ヤオハンジャパンは、1997年9月18日、静岡地方裁判所に会社更生手続開始を申し立て倒産した。同社はアジアを中心とする世界各地への海外進出で知られ、その倒産の影響は国際的な広がりを見せた。ヤオハンジャパンは、ヤオハングループの中核的存在であったが、倒産時、海外に60を超える関連会社を有していた。

　アジアでは、中国が最も多く23社、シンガポール10社、香港8社、マレーシア4社その他であった。ただ、中国および香港の関連会社の多くは、1990年に香港で設立された持株会社が統轄していたから、更生会社になったヤオハンジャパンの管理の外にもともとあったといえる。

　同グループの海外関連会社の処理は、ヤオハンジャパンの更生管財人により、企業買収（売却）か清算のいずれかによるとの方針が立てられた。どちらが更生会社にとって有利かといえば企業売却のほうである。企業買収の方法として実際にとられたのは株式譲渡と営業（事業）譲渡であった。

　株式譲渡の場合、ヤオハンジャパンの保有する株式資産の処分になるので、更生管財人が契約当事者となって行われた。営業譲渡の場合は、関連会社が契約当事者となって行われたが、更生管財人はその株主の立場で総会において営業譲渡を承認した。

　営業譲渡がうまくいけば、関連会社の"中身"である資産を譲渡してしまい、空の状態にして清算することができる。しかしながら、こうしたやり方がその関連会社の設立準拠法、その国の倒産法のもとでそもそも認められな

いこともありえた。

　営業譲渡や株式譲渡の方法で企業買収が成立すればよいが、引き取り手が見つからないこともありえ、その場合は清算型倒産手続が行われる。この場合も債権者から例えば破産手続の申立がなければ海外関連会社が自ら清算の申立をしなくてはならない。だが、タイでは自己破産の申立を厳しく制限していたため、管財人としては一時裁判所と相談の上、放置することも考えたが、その後の債権者からの申立がなされたことで無事清算手続に入ることができたという。

　中国においては倒産法制の整備がまだ十分ではなかったため、同国の関連会社の整理はさらに困難であった。ヤオハンジャパンは、進出にあたって、投資会社を設立し、そこを通じて中国に投資が行われた。それらは中国で外商投資企業と呼ばれる企業体で、清算・解散には政府機関の認可が必要であったが、その認可がなかなか下りないという問題もあった。同国では進出する際はもちろん、撤退のための清算をする際にも当局の認可を要することはあらかじめ頭に入れておかなくてはならない。

　中国を含む新興国においては、進出だけでなく撤退にも当局の認可を要するが、よりスムーズに認可を得やすいのが、合弁の相手方である現地パートナーに出資持分を譲渡する場合である。半面、現地従業員の大量解雇になりやすい清算・解散には認可が下りにくい。

■おわりに

　日本企業の海外事業展開が中国をはじめとする東アジアで活発になるにつれ、こうした地域で日本企業が国際倒産に巻き込まれるケースが多くなった。

　東アジアにはさまざまな法体系の国があるが、中国やベトナムのように、社会主義体制をとっているため、日本とは倒産法制の中身が大きく異なる国もある。

また、中国の場合、1997年に香港が返還されたが、返還後50年間は「一国二制度」が行われている。そのため、倒産法も中国法と香港法の双方あるいはいずれか一方の適用を考えなくてはならないケースが生じ得るので、格別の注意を要する。

中国の弁護士

　中国の人民法院で民事訴訟の被告となれば、ほとんどの場合、現地の中国弁護士を代理人に立てて争うことになる。中国の裁判には「地域性」があるので、資格はあっても地域外の弁護士ではなく、その地域の裁判に通じた現地の弁護士を選任しなくてはならない。

　中国では1997年1月から弁護士法（律師法）が施行になった。それ以前、中国の弁護士は20年近く、政府の司法行政部門が管理する国家公務員であった。

　筆者は、中国で弁護士法が施行された直後に、上海・浦東地区の中国弁護士数名と直接意見交換をする機会を得た。国家公務員から「民間人弁護士」に立場が変わり、例えば国有企業と争う日本企業を代理して、利益を十分に代弁してもらえるものかどうか、あえて質問してみた。答えは「急には変われない」というものであった。先進地区の上海・浦東でさえこうした状況であり、地方、とりわけ内陸部の訴訟には適切な代理人選びに苦労するに違いない。

テーマ21

国際仲裁事件

■はじめに

　2014年2月、世界のタイヤ製造で5位の住友ゴム工業株式会社（以下、「住友ゴム」と略す）が、同3位の米グッドイヤー社から資本業務提携契約解消を申し入れられた件で、国際商業会議所（I.C.C.）で仲裁が行われるとの報道がなされた。グッドイヤーは、住友ゴムに米連邦反トラスト法違反があったことを契約解消の理由に挙げているようだが、この点に関し両当事者の見解は食い違っている。

　仲裁審理においては反トラスト法違反の有無が最大の争点になるとみられる。ただ、米国で「経済憲法」と称され格別に重視されている反トラスト法違反があったかどうかを民間の仲裁人が判断できるのかどうかについては、本テーマ内で後述する三菱自動車事件の米連邦最高裁判所判決（1985年7月2日）を想起する読者も多いであろう。

　仲裁は民間機関・人が行うため、柔軟で、国家の裁判所が行う裁判よりも国際的紛争処理に向いている面がある。その半面、証拠調べの段階でも国家権力を背景にした強制力を発揮できない弱みをもっている。また、仲裁で紛争を処理するには、仲裁合意（仲裁契約）が必要とされ、さらに仲裁になじまない法律問題があることも考えておかなくてはならないなど、裁判にはない限界を抱えている。

　仲裁は民間機関が行うために、国際的紛争のなかでも国家が当事者となる

紛争の処理に最も向いている。主権をもつ国家は、互いに対等であって、その意思に反して他の国の主権に服する形で裁判権に服することもないとするのが古くからの国際法上の慣行である。主権免責特権（state immunity またはsovereign immunity）と呼ばれるこの特権もあって、国家間の紛争、あるいは企業対国家の国際的紛争をいずれかの国の裁判で処理することには無理がある。

　いまこの関連で注目されているのがISDSである。ISDSは、Investor-State Dispute Settlement「投資家・国家間の紛争解決」を表す。ISDSは、これまでも各種の自由貿易協定（FTA）や経済連携協定（EPA）に、しばしば紛争解決方法として規定されてきた。TPP（環太平洋経済連携協定）交渉においても、ISDS条項を盛り込むべきかが議論の的になった。

　ISDSは、投資家と投資受入国政府間の紛争を解決するための仲裁制度である。ISDS条項をTPPに入れることが日本にとって望ましいことかどうかは、日本政府の立場あるいは日本企業の立場のいずれによるかで異なる。前者によれば、ISDS条項が入ることで米企業の日本政府に対する仲裁申立が多発し、仲裁廷が多額の賠償を日本政府に命じるのではないかが懸念される。

　後者の立場によったときは、日本企業がとりわけアジア新興国において、現地政府から不当な差別待遇や許認可の突然の取消などで損害を被った場合にも、ISDS条項を利用して迅速に紛争を解決し補償を受けられる機会が増大することを重視する。

　2014年4月上旬、日本とオーストラリアは経済連携協定（EPA）交渉で大筋の合意に達した。だが、これとは別にTPP交渉のなかで、従来、ISDS条項を入れることに強硬に反対してきたのはオーストラリアであった。同国は、禁煙促進のためタバコの包装パッケージの表示規制を厳しくしたが、これによる収益の減少を懸念した米タバコ大手のフィリップ・モリス社は、2011年、オーストラリアとISDS条項を合意している香港の現地法人を通じてオーストラリア政府に対する仲裁申立を行い、2014年12月現在も係争中という。

本稿では国際的商事紛争を解決する手段としての国際仲裁の"強み"と"弱み"を、これまでの事件先例を通じて検証してみたい。

■1.「リングリング・サーカス事件」の概要

この事件では、外国人アーティストの招へい、一般興業などを目的とするＸ株式会社と、米国においてサーカス興業を行う米国法人リングリング・ブラザーズ・アンド・バーナム・アンド・ベイリー・コンバインドショウズ・インク（以下、「リングリング」と略す）との間で締結されたサーカス興業契約中の仲裁合意（契約）の効力が争いとなった。Ｘが原告となって訴えを起こしたのは、米国法人の代表者Ｙを被告とする損害賠償請求訴訟であったので法人間の仲裁合意の効力は、法人代表にまで及ばないのではないかが問題とされたからである。

日米法人間の興業契約には、「同契約の条項の解釈又は適用を含む紛争が解決できない場合は、当事者の書面による請求に基づき、商事紛争の仲裁に関する国際商業会議所の規則及び手続に従って仲裁に付される。その場合、リングリング社の申し立てるすべての仲裁手続は東京で行われ、Ｘの申し立てるすべての仲裁手続はニューヨーク市で行われる。両当事者は、仲裁人の報酬と経費を等分に負担する。」旨の合意がなされていた。

Ｘは、リングリングとの興業契約締結に際し、同社の代表者Ｙがキャラクター商品等の販売利益の分配および動物テント設営費用などの負担義務の履行につきＸを欺罔して損害を被らせたとして、Ｙに対し不法行為に基づく損害賠償を求めた。これに対し、被告Ｙは、本件仲裁合意の効力が原告Ｘとの本件訴訟にも及ぶと主張して、訴えの却下を求めた。

最高裁判所（第１小法廷）は、平成９年９月４日、大略、次のように述べてＸの訴えを却下した（民集51巻８号3657頁）。

①　仲裁は、当事者がその間の紛争の解決を第三者である仲裁人の仲裁判断にゆだねることを合意し、右合意に基づいて仲裁判断に当事者が拘束されることにより、訴訟によることなく紛争を解決する手続であるところ、このような当事者間の合意を基礎とする紛争解決手段としての仲裁の本質にかんがみれば、いわゆる国際仲裁における仲裁契約の成立及び効力については、法例7条1項［法の適用に関する通則法7条］により、第一次的には当事者の意思に従ってその準拠法が定められるべきものと解するのが相当である。そして、仲裁契約中で右準拠法について明示の合意がされていない場合であっても、仲裁地に関する合意の有無やその内容、主たる契約の内容その他諸般の事情に照らし、当事者による黙示の準拠法の合意があると認められるときには、これによるべきである。
②　これを本件についてみるに、本件仲裁契約においては、仲裁契約の準拠法についての明示の合意はないけれども、「リングリング社の申し立てるすべての仲裁手続は東京で行われ、Ｘの申し立てるすべての仲裁手続はニューヨーク市で行われる。」旨の仲裁地についての合意がされていることなどからすれば、Ｘが申し立てる仲裁に関しては、その仲裁地であるニューヨーク市において適用される法律をもって仲裁契約の準拠法とする旨の黙示の合意がされたものと認めるのが相当である。
③　本件仲裁契約に基づきＸが申し立てる仲裁について適用される法律は、アメリカ合衆国の連邦仲裁法と解されるところ、同法及びこれに関する合衆国連邦裁判所の判例の示す仲裁契約の効力の物的及び人的範囲についての解釈等に照らせば、ＸのＹに対する本件損害賠償請求についても本件仲裁契約の効力が及ぶものと解するのが相当である。そして、当事者の申立てにより仲裁に付されるべき紛争の範囲と当事者の一方が訴訟を提起した場合に相手方が仲裁契約の存在を理由として妨訴抗弁を提出することができる紛争の範囲とは表裏一体の関係に立つべきものであるから、本件仲裁契約に基づくＹの本案前の抗弁は理由があり、本件訴えは、訴えの利益を欠く不適法なものとして却下を免れない。

国際契約では、契約準拠法とは別に、仲裁合意自体の準拠法を考えるべきである。そうしないと契約準拠法が何国法になるかについての争いを仲裁で扱えるか否かを決められないことになりかねない。

　実務では、国際契約中に契約準拠法を書いても仲裁合意の準拠法までは書かないのが普通である。本事件のように仲裁合意の効力が問題とされた場合は、何国法でこれを判断するのかを決めなくてはならない。そのための考え方を示したのが本最高裁判決である。

　その後の裁判例は、本最高裁判所判決の考え方を踏襲している。例えば、日本の株式会社とモナコ公国法人間の販売代理店契約中の仲裁合意の効力が争われた事例における東京地方裁判所の判決（平成23年3月10日、判夕1358号236頁）がそうであった。

　この事例ではモナコ法人が日本法人を日本での販売代理店とする契約を解除し日本法人への製品の供給を中断するなどしたため、日本法人がモナコ法人およびその代表者を含む4名を被告として共同不法行為に基づく損害賠償請求の訴えを提起した。その後4名の個人に対する訴えは分離されたが、モナコ法人は仲裁合意があることによる妨訴抗弁を主張して争った。

　東京地方裁判所は、仲裁契約の成立・効力については、法の適用に関する通則法7条により第一次的には当事者の意思によってその準拠法が定められるべきとした。次に、本仲裁合意においては、日本法人がモナコ法人を被申立人として申し立てる仲裁手続はモナコ公国で行われることになっており、「その仲裁地であるモナコ公国において適用される法律をもって仲裁契約の準拠法とする旨の黙示の合意がされたものと認めるのが相当である。」とした。

　次に、同判決は、「モナコ公国法においては、仲裁契約の適用の対象について、訴訟が当事者間の契約上の関係により生じる論争若しくは紛争に由来する場合又は契約が適用される場合に仲裁条項を適用することができるとされ、モナコ公国の先例によれば、訴訟が契約上の関係により生じる主張若しくは論争に由来する場合ではない場合、契約が適用されない場合又は契約が

無効である場合には、仲裁条項を適用することはできないとされている」とした。

日本法人は、モナコ法人による妨訴抗弁の主張を権利濫用に当たり許されないとした点については、日本の民事訴訟法のもとで判断されるべき問題であるとして、次のように述べた。

> ある訴訟上の主張が訴訟上の権利の濫用に当たり許されないか否かの判断に当たり適用すべき法は、手続上の問題である以上、法廷地法によるものと解すべきところ、本件が提起された我が国の民事訴訟法上、妨訴抗弁の主張が権利の濫用に当たり許されなくなるのは、妨訴抗弁の主張が訴訟法上の行為として権利の濫用に当たるような具体的事情がある場合であり、仮に原告主張の各事実があったとしても、このような事実をもって被告の妨訴抗弁の主張が訴訟法上権利の濫用に当たることを基礎付けられるとは解されないし、他に本件訴訟において、被告の本件仲裁合意に基づく妨訴抗弁の主張が訴訟法上権利の濫用に当たることを基礎付ける具体的事情を認めるに足りる証拠もない。

外国で仲裁を行い紛争を処理するとの仲裁合意があるにもかかわらず、日本の裁判所に民事保全命令を申し立てられた事件に、日本の国際裁判管轄を否定した裁判例がある（東京地裁平成19年8月28日決定）。

事案は以下のようなものであった。

日本法人と韓国法人間で、韓国法人の製造するシリコンウェハーの日本での販売に関するエージェント契約を締結した。その後、韓国法人が同契約の期間満了による更新拒絶を通知したことに対し日本法人が争い、韓国法人による履行拒絶は独占禁止法違反であり同法24条に基づく差止請求権により、納期までの製品引渡などを求める契約上の地位を仮に認めることを求めて東京地方裁判所に民事保全命令を申し立てた。

裁判においては、韓国における仲裁の合意を前提に日本の裁判所の国際裁

判管轄権が問題とされた。決定は、保全命令事件の国際裁判管轄については、国際的に承認された一般的な準則が存在せず、国際的慣習法の成熟も十分ではないので、一般の民事訴訟と同様に、当事者間の公平、裁判の適正・迅速を期するとの理念により条理に従って決定するのが相当であるとし、準則となるべき最高裁判決（最判＜三小＞平成9年11月11日、民集51巻10号4055頁。いわゆる「ドイツ中古車事件」）を挙げた。

その上で決定は、民事保全法12条1項に規定する保全命令事件の管轄裁判所が日本国内にあるときは、原則として、債務者を日本の裁判権に服させるのが相当であるが、これがない場合には、特段の事情がない限り、日本の国際裁判管轄を否定すべきとの一般ルールを示した。

この一般ルールの本民事保全事件への当てはめとして、本案事件の管轄裁判所を「当該仲裁の仲裁地を管轄する裁判所をいい、仲裁合意がなければ本案訴訟について管轄権を有したであろう裁判所を含まないと解するのが相当である。なぜなら、このように解さなければ、仲裁合意が存在するために本案訴訟について管轄権を有しない裁判所が、保全事件についてのみ管轄権を有することとなり、保全事件が本案訴訟に対して付随性を有することに反する結果となるからである。」と説明する。

また、「仲裁地を管轄する裁判所が保全事件について管轄権を有することは、仲裁合意によって仲裁地を定めた当事者の合理的意思に沿うものであり、当事者間の公平の理念にも合致する」とも述べている。

なお、仲裁法は、仲裁廷による暫定措置または保全措置を認めている（24条）。さらに、民事保全法は仲裁契約のなされた事項について裁判所が保全処分命令を下せることを前提に、本案の訴えの不提起による保全取消については「仲裁手続の開始」を「本案の訴えの提起とみなす」としている（37条5項）。

このように現行法は、仲裁契約があっても、裁判所が保全命令処分について審理し判断する権限を認めるが、仲裁法は外国に仲裁地がある場合についてもこれを認めている（3条2項、15条）。

■2．三菱自動車事件米最高裁判決

　この事件では、米国反トラスト法上の請求が仲裁適格性をもつかどうかが争われた。米連邦最高裁判所は、三菱自動車を一方の当事者とする国際販売店契約のもとでの請求につき、仲裁適格性を認める判断を下した（Mitsubishi Motors Corporation v. Soler Chrysler-Plymouth, Inc.　473 U.S. 614〈1985.7.2〉）。

　事件の概要は以下のとおりであった。

　三菱自動車工業株式会社（以下、「三菱自工」と略す：現三菱自動車）は、米クライスラー社の完全子会社であるスイス法人クライスラー社インターナショナルS.A.（以下、「CISA」と略す）と日本の三菱重工業による合弁会社として、三菱自工が製造し三菱とクライスラーの商標をつけた自動車を、米国本土外でクライスラーのディーラーを通じて販売することを目的として設立された。他方、ソーラー・クライスラープリマス社（以下、「ソーラー」と略す）は、プエルトリコ法人であり、1979年10月31日、CISAと、三菱自工の製造した自動車を指定地域でソーラーが販売する旨定めた販売店契約を締結した。CISA、ソーラーおよび三菱自工は、同日、販売手続契約を締結したが、同契約は三菱自工製品のソーラーへの直接販売の約定とその条件を規定した。また、販売店契約の第6項は「一定事項の仲裁」と題し、以下のように規定していた。

> 本契約の第Ⅰ－B乃至第Ⅴ条よりもしくはそれらに関連してまたはそれらの違反によって生じる［三菱自工］と［ソーラー］間のすべての紛争、争いまたは相違は、国際商事仲裁協会［現、一般社団法人日本商事仲裁協会］の規則に従い、日本において仲裁により最終的に解決されるものとする。

　その後、ソーラーは、期待された販売量を達成するのが難しい状態に陥り、

1981年の春までには、三菱自工に対し、注文のいくつかを遅らせるかキャンセルすることを要求せざるを得なくなった。ソーラーは、大量の自動車を米国本土とラテンアメリカへ販売するために積み替えをしようとしたが、三菱自工とCISAはこれを認めなかったことから、三菱自工は最終的に1981年製品の5月、6月、7月向けに出された注文に該当すると見られる自動車966台の船積みを取り止めた。ソーラーは、1982年2月、これについての責任を否定した。

　1982年3月、三菱自工は連邦仲裁法と条約に基づいて、プエルトリコ地区連邦地方裁判所にソーラーに対する訴訟を提起した。仲裁に服することの命令を求めたのであるが、その後しばらくして、三菱自工は販売店契約第6条に従って、日本の国際商事仲裁協会（現日本商事仲裁協会）に仲裁の申立をした。

　ソーラーは、三菱自工とCISAに対して反訴を提起し、三菱自工による販売店契約違反の数々と名誉棄損などを主張した。なかでもソーラーは、三菱自工とCISAがシャーマン法に違反し市場分割の共同謀議を行ったとし、三菱自工はその計画を実行するために、ソーラーが三菱自工から購入するよう義務づけられた自動車を北米、中南米の買手に再販売することを認めなかった。また注文された自動車とヒーターや霜取り器のような、プエルトリコ外で再販売するのに必要となる部品の船積みを拒否し、ソーラーおよび他のプエルトリコにおける販売店を、同地域における三菱自工の一手販売店に強引に替えさせようとした。

　審理の後、連邦地方裁判所は三菱自工とソーラーに対し、訴状と反訴状によって提起された争点の一部を除き事件を仲裁に付すべきことを命じた。連邦地裁は、連邦控訴裁判所が一貫して反トラスト法によって付与された権利は、「仲裁によって執行されるのに適さない性質のもの」（of a character inappropriate for enforcement by arbitration）であると判断してきたことを認めつつも、ソーラーと三菱自工による事業の国際的性格（international character) に照らし、仲裁によるべきこととした。

　同地裁の判決が依拠したのはScherk v. Alberto-Culver Co.事件連邦最高裁判決（417 U.S. 506〈1974〉）であった。同事件では、1933年証券法違反を理由とする請求を仲裁にかけられるかどうかが問題となり、国際契約に含まれた仲裁条項に従って、仲裁に付すべきとの判断が下された。

　本事件は、ソーラーから控訴がなされ、第1巡回区控訴裁判所が「一部認容、一部破棄」の判決を下したが、本件仲裁条項はシャーマン法など制定法から生じるすべての請求を文字どおり対象にすると解釈した（723 F.2d 155〈1983〉）。一方で、控訴裁判所は反トラスト法のもとでの請求につき仲裁を排除したAmerican Safety事件（American Safety Equipment Corp. v. J.P. Maguire & Co., 391 F.2d 821〈1968〉）の法理を支持しつつ、国際取引だからといってこの法理の適用を放棄しなければならないわけではないとして、ソーラーによる反トラスト法のもとでの請求を仲裁に付することを命じた限りにおいて、連邦地裁判決を破棄し、判決の残余部分を維持し、裁判と仲裁を並行して進める手続をどのように行うべきかを検討するよう命じたのである。

　連邦最高裁判所はサーシオレイライを発し裁量的上訴を認めて、5対3でもって、第1巡回区控訴裁判所の判決を覆した。連邦最高裁の判決を争点ごとにまとめると以下のようになる。

(1) 制定法上の請求と仲裁条項の解釈

　ソーラーは、反トラスト法など制定法に基づく請求は、仲裁合意中にこれを対象にすると明示されていない限り、仲裁に付することはできないと主張した。最高裁は、この主張を退け「仲裁法の対象になるいかなる契約も制定法上の請求について仲裁に付することに反対するとの暗黙の前提を正当化しうる根拠になりえない」との判断を示した。さらに、「仲裁に付されうる争点の範囲に関するいかなる疑問も仲裁に有利になるように解決すべきである」とも述べている。

(2) 反トラスト法上の請求と仲裁可能性

次に、反トラスト法上の請求が仲裁合意の対象に含まれるとしても、それが仲裁に馴染むものかどうかが問われた。連邦最高裁は、すべて国内で行われた取引であれば、American Safety事件で示された理論によって仲裁に付されることはないであろうが、本事件の取引は国際的な性格（international character）をもつので仲裁に付され得る（arbitrable）とした。すなわち、同裁判所はScherk事件判決を引用しつつ、「国際礼譲（international comity）、外国および国際的紛争解決機関の能力尊重（respect for the capacities of foreign and transnational tribunals）、および国際通商体制における紛争解決の予見可能性の必要への敏感さ（sensitivity to the need of the international commercial system for predictability in the resolution of disputes）」が、仲裁合意を強行的に実現することを求めるとした。

本判決はAmerican Safety事件の理論を構成している4つの要素のそれぞれについて、排斥する理由を次のように検討している。

第1に、反トラスト法の紛争を生じさせる契約は、自動的に紛争解決の場（forum）を決定する附合契約である可能性が高いとする点については、問題があるとする当事者は仲裁合意そのものの有効性を争うことができるのでこの懸念は当たらないとした。

第2に、反トラスト法上の問題は複雑になる傾向があり、洗練された法律上および経済的分析を必要とするので、迅速さ、最小の書面による理由づけ、簡易性、常識と単純な公正さの基本概念に頼ることを旨とする仲裁手続には適さないとする点については、次のように述べた。

「仲裁合意の対象は垂直的取引制限である可能性が大きいが、手続的にはとてつもなく複雑にはならず、事件がもし複雑であっても仲裁人として専門家を起用できるので、複雑そうだというだけで仲裁廷が反トラスト法上の問題を処理できないとはいえない。」

第3に、戦争と平和の問題は一般人に委ねられないように、ビジネスの規制は重要で、ビジネス社会、特に外国のビジネス社会から選ばれ、米国の法

律と価値観について経験をもたない仲裁人に託することはできないとする点については、次のように述べた。

「紛争が重要な法律問題を含むときは、それに相応しい仲裁人をビジネス界からだけではなく法曹界からも選ぶことができるので、この懸念も正当とはいえない。」

第4に、反トラスト法に関しては、3倍賠償を求める私人の訴訟が政府による法執行を助ける重要な役割を果たしているとする点については、次のように述べている。

「私人による訴訟が重要だからといって米国の裁判所外での損害賠償を禁ずるとの結論を強いるものではなく、クレイトン法4条による私人の3倍賠償訴訟には、付随的に政策的役割を果たすが、主として被害を受けた競争者がその被害の補償を得られるようにすることを目的とするものである。」

(3) 反対意見

ブラックマン判事によって書かれた多数意見に対し、スティーブンス判事によって反対意見が表明され、これにブレナン判事が同調し、マーシャル判事が一部を除いて同調した。

反対意見の内容は、結局のところAmerican Safety事件判決の考え方にほぼ沿ったものであった。

■3．三菱自動車事件判決の意義

本判決が日本企業の国際的事業活動に与えた影響は極めて大きい。日本企業は、特に1980年代以降の日米通商摩擦に関連して繰り広げられた反トラスト法の域外適用と、その結果、米裁判所によって下され得る3倍賠償（treble damages）に大きなリスクを感じてきた。

ところが本判決によるならば、米国の裁判所が日本企業に対して管轄権を及ぼし得る場合であっても、取引のための契約中に適切な仲裁条項が入って

いて、有効な仲裁合意があるとされれば、反トラスト法上の訴えに関する場合でも、米国の裁判所による管轄権行使を阻止できる。

　そうなると本判決の射程範囲をどこまで認めてよいかが問題となる。特に本判決は、国際取引を対象に国際礼譲などに配慮して下されたものだけに、国内取引に関しても当てはまるかが問われなくてはならない。

　本判決以後に下された米最高裁判決には、米国の国内取引に関しても仲裁可能性を認めたものがある。

　シアソン事件（Shearson/ American Express Inc. v. McMahon, 482 U.S. 220〈1987〉）やロドリゲス事件（Rodoriguez De Quijas v. Shearson/ American Express Inc., 490 U.S. 477〈1989〉）などである。

　シアソン事件は、1934年証券取引所法10条(b)項および事業への犯罪組織等の浸透取締りに関する法律（RICO）違反に基づく損害賠償請求事件であった。最高裁判所は、RICOの内容および立法経過に照らして連邦仲裁法の対象からRICOの民事的請求を除外する意図は示されていないとした。また、RICOによる３倍賠償請求についても三菱自動車事件判決で示されたと同様の趣旨を認めた。

　ロドリゲス事件は、1933年証券法および1934年証券取引所法違反に基づく損害賠償請求事件であった。判決は、Wilco事件で否定された証券法12条２項の仲裁可能性について同判決が間違っていたとして判例変更を行い、認めることとした。

　なお、日本企業が当事者となった国際取引に関するRICOに基づく損害賠償請求につき仲裁を命じた裁判例がある（Genesco v. T.Kakiuchi & Co., 815 F.2d 840〈2nd Cir. 1987〉）。

■おわりに

　反トラスト法だけでなく、米国連邦証券諸法、あるいは外国腐敗行為防止法（FCPA）などが日本企業に対し域外適用された事例は多い。日本とは大きく異なる米国の民事訴訟において被告とされるリスクは極めて大きいので、国際仲裁の利用によるリスク回避・軽減は、日本企業として当然考えておくべき課題になった。

　こうした訴訟リスク回避・軽減の試みは、米国との関係においてのみ求められるわけではない。例えば中国やベトナムのような社会主義体制の国の司法制度は根本から異なっており、できることなら現地で民事訴訟を戦うことは避けたいのが外国企業の"本音"であろう。

　そのため、現にこれらの国で事業を行う外国企業と現地パートナーとの間で取り交わされる合弁契約の多くに仲裁条項が入る。ほかにも、外国企業に対しては、そもそも公平な裁判が保障されていないのでは、と疑わしくなるような国が広い世界には存在する。

　ほとんどの国・地域における民事訴訟手続は、国内事件の処理を念頭に作られているので、そこに「国際礼譲」を求めても無理が生じる。仲裁の場合、国際商業会議所（I.C.C.）のような常設の仲裁機関もあり、仲裁人も関係当事者以外の第三国から選べるなど、国際的民事紛争の処理にはより適している点が多い。

テーマ22
国際税務訴訟

■はじめに

　東京地方裁判所は、2014年5月9日、約4,000億円の申告漏れを指摘された日本IBMと国税当局が争った裁判で、東京国税局による約1,200億円の課税処分を取り消すIBM勝訴の判決を下した。国は、同年同月22日、この判決を不服として東京高等裁判所に控訴した。事件は、争いの舞台を控訴審に移して続くことになった。係争金額の大きさもさることながら、世界的によく知られたグローバル企業による「節税スキーム」の合法性が問われた裁判であり、今後の裁判の成り行きに関心が集まっている。

　企業活動のグローバル化はめざましいものがあり、活動の舞台、市場の地球規模での一体化はますます進展の度合いを強めている。それにひきかえ、法制度や裁判制度は各国独自の内容をもって譲らず、グローバル化は遅々として進展しない。

　法分野でいえば税法が代表的であろう。各国は統治権の内容をなす課税権を行使するなかで、他国の権益を侵すこともまれではない。米国が英国と独立戦争を戦わざるを得なくなったきっかけの1つに、英国が植民地で行った重税政策があったことはよく知られている。

　国や地域によって所得税や法人税の税率がまちまちで、一向に調整は行われそうにない現状のもとで、グローバル企業はなるべく税率の低い国や地域の子会社などに利益を移転し、グループ全体で納税額を減らそうと試みる。

そうした節税の動きを合法とみるか違法とみるかは、最終的には課税国の裁判所の判断によることが多く、国際税務訴訟の数は減らない。

■ 1．連結納税制とグループ法人税制

　グループ企業間の資金のやり取りなどを使った節税スキームへの対応策の1つが、グループを一体と捉えて課税するやり方である。日本では、2002（平成10）年の法人税法改正で連結納税制度が導入された。

　この制度は、2001（平成9）年の独占禁止法改正で純粋持株会社が解禁になったことに伴い、持株会社などを使ったグループ再編に対応して作られた。内容は、益金の計算ならびに損金の計算は個別の法人ごとに行うが、企業グループの親法人に各子法人の益金や損失を合算し、その結果に法人税率を適用する。これにより、親法人が納税義務を負うが、各子法人には、その損益に応じて連帯納税義務が課されることになる。

　連結納税制度は、2010年に導入されたグループ法人税制と基本的な考え方を共通にするものの、制度を導入するかどうかは企業の任意である点が異なる。それと本訴訟との関連で大きいのは、日本IBMの持株会社が行ったグループ会社間での自己株式譲渡による損失計上がグループ法人税制のもとではできなくなった点である。

　ちなみに、上述した税務訴訟の第1審で勝訴した日本IBMの場合、連結納税制度をとり入れており、これによる節税メリットを最大限活用した形になった。IBMグループが作り上げた節税スキームは、判決をもとにまとめると次のような内容であった。

　2002年、米IBMは持株会社アイ・ビー・エム・エイ・ピー・ホールディングスを当時の有限会社法のもとで作り、同社が保有していたすべての日本IBM株式を同ホールディングスに売却した。次いで日本IBMは、同ホールディングスから3回に分け自己株式として株式を購入、取得した。3回の譲渡に

よって同ホールディングスには、譲渡損失額が合計約3,995億円生じたが、同社はこれを各譲渡日の属する各事業年度において損金に算入し、それに伴い生じた欠損金額に相当する金額（合計約3,995億円）を含む繰越欠損金を、2008（平成20）年1月1日に連結納税の承認があったものとみなされた連結所得の金額の計算上損失の額に算入して、同日の属する連結事業年度の法人税の確定申告をした。

これに対し、国（日本橋税務署長）が、2010（平成22）年2月19日、同族会社等の行為または計算の否認に関する法人税法132条1項を適用し、上記損失算入を否認する更正処分を、10事業年度につき行った。

そこで、同ホールディングスが原告となり、国を被告として本件各更正処分の取消を求めて東京地方裁判所に訴えを提起した。

裁判で最大の争点となったのは、本件株式の各譲渡に係る譲渡損失額が各譲渡事業年度において原告の所得金額の計算上損金額に算入され欠損金額が生じたことによる法人税負担の減少が、法人税法132条1項にいう「不当」なものと評価できるかどうかであった。言いかえれば、国税当局は、日本IBM側による一連の取引は税を免れようとする意図のもとに行われたもので、いわば法令の濫用に当たると判断し、課税処分を行ったことになる。

裁判では、国側はこの点に関し、①原告（ホールディングス）をあえて日本IBMの中間持株会社としたことに正当な理由ないし事業目的があったとは言い難いこと、②一連の行為をなした原告が米親会社から日本IBMの全株式を取得した際に親会社から受けた融資は、独立した当事者間の通常の取引とは異なること、③一連の行為に租税回避の意図が認められることなどを主張した。

原告は、被告による法人税法132条1項の解釈・適用上の誤りを指摘しつつ、持株会社はグループ再編のために作ったのであり、譲渡損による節税は結果的に生じたにすぎない旨を主張した。

すなわち、日本でIBMグループを構成するため持株会社として原告を設置

する再編プロジェクトは、IBMグループが2002年頃進めていたグローバルな組織再編の一環として、日本での事業展開を見据えた上で、日本におけるIBMグループを原告のもとに統合することなどの4つの目的を達成するために実行されたものである。

中間持株会社の設置は多国籍企業の投資形態として異常性も変則性もなく、また、本件株式譲渡は日本IBMが2007年以降株主への利益還元策として採用してきた取引で、異常な法形式でも変則的な取引でもなく、日本再編プロジェクトとは別の意思決定による取引である。本件各譲渡により原告に有価証券の譲渡損が生じることや、連結納税制度によって譲渡損を活用することについても、何らの関心もなかったなどと主張した。

裁判所は、この争点につき次のように判断した。原告が持株会社または買収受皿会社として相応の役割を果たしたといえなくはなく、原告に持株会社としての固有の存在意義がないとまでは認め難い。組織のあり方の選択は基本的に私的自治に委ねられることなどを考慮すると、原告が中間持株会社として置かれたことに正当な理由ないし事業目的がなかったとは言い難い。

また、本件融資は独立した当事者間の通常の取引として到底あり得ないとまでは認め難く、さらに、本件各譲渡等は、不合理、不自然とまでは言い難いことなどから、本件各譲渡を含む一連の行為に租税回避を企図したとする事実は認め難い。

その上で、判決は法人税の本件更正処分は、更正できる要件を満たしていないので取消を免れないとした。

問題とされた一連の取引が行われた時点でこれを明らかな違法とする法令はなかったことが、判決の結論を支えている。いまこうしたスキームの節税取引ができるかというと、2010年10月に導入されたグループ法人税制が完全支配関係にある法人に強制適用されることによってできなくなった。同税制のもとでは、グループ企業間での自己株式の譲渡損失の計上ができなくなったからである。

連結納税制と、いわばその「穴をふさぐ」形でその後に制定されたグループ法人税制との比較を簡単にまとめると以下のようになる。両税制は併存しているのでよくメリット、デメリットが比較されるが、グループ法人税制は連結納税の規定を大幅に取り込む形になっていると同時に、連結納税制度の内容も2010年税制改正時に改正されたので、多くの点で統一化が進んだ。

　ただ、強制適用か、事前申請を必要とする任意適用かの点を除いても、以下の2点で両制度は大きく異なる。

① グループ法人税制は、単体ベースの申告であり、そこにグループの要素を加えるのに対し、連結納税制度はグループを1つの納税主体として全体で連結申告をする。

② 連結納税制度の場合、子会社の繰越欠損金および資産の時価評価に関し、(a)5年以上長期100%保有法人、(b)当初から完全子法人として設立した法人等、(c)適格株式交換による完全子法人などにつき、子法人の欠損金については、子法人の所得の範囲内で欠損金が使用できるが、5年以内に買収した法人などは対象外になるので、欠損金の利用が制限され税負担が増す可能性がある。

　なお、IBMグループ企業による上記一連の取引につき米国でも課税がなされていない。米IBMは、日本IBMの全株式を日本に設立した持株会社に売却したが、米国の税制では日本の有限会社（2005年に有限会社制度は廃止され、既存の有限会社はすべて会社法の施行時2006年5月に株式会社となったが、商号中に有限会社という文字を用いなければならない特例有限会社となった）は、米IBMの支店として扱うことができるので、同一企業内の取引とみなされ非課税になったようである。

　会社組織に関する法律とこれに関する税法上の取扱いは、国・地域によって異なるのが現状である。こうした違いを巧みに利用し、関係国のいずれにおいても課税を避ける節税スキームを「ハイブリッド・ミスマッチ取引」と

呼ぶことがある。

■2．ユニタリータックス問題

　日本で導入された企業グループを「一体」とみて課税をする連結納税制やグループ法人税制は、国内の企業グループのみを対象にしている。ところが、現代のグローバル企業は外国に設けた子会社を利用して節税を図ろうとすることが多く、日本国内のグループ会社を対象とするだけではこれに対応できない。海外子会社を対象にしたタックス・ヘイブン税制や移転価格税制が必要になる。

　1980年代前半、もともと米国内における州際取引を対象に作られた「ユニタリータックス」税制が、日本の親会社に適用され問題となった。unitary taxを直訳すれば「一元化した税」である。法人の課税所得を算定するにあたって、親会社や関連会社などグループでまとまって事業を展開するグループ会社のすべての利益を合算したものを基礎とするのが、ユニタリータックス税制である。

　同税制は、米国の諸州において、他州にまたがって事業活動をする鉄道会社などの州際的「税逃れ」を防止するための課税方式として導入された。

　ところが、1980年代に入るとカリフォルニア州をはじめとする10を超える州において、この制度を世界レベルで合算する「ワールドワイド・ユニタリータックス制度」として日本企業など外国企業に適用しはじめた。

　そうなると、親会社のある日本と子会社のある米国の双方において重複して二重課税がなされるおそれが生じる。特に多くの外国企業が進出しているカリフォルニア州では、日本企業などがこの"拡大版"税制に強く反対し、ロビー活動も展開した。オランダが本拠地の多国籍企業であるロイヤル・ダッチ・シェルは、同税制が合衆国憲法に違反するとして米連邦最高裁判所まで争ったが、同裁判所は、1983年12月、実体審理に入ることなく同社には当

事者適格がないとして訴えを却下した。

　ユニタリータックス税制には、日本だけでなく英国など当時のEC諸国も強く反対を表明し、カリフォルニア州においては、1986年に同税制がほぼ撤廃されるに至ったが、最も功を奏したのは、日本企業が当時の経済団体連合会（経団連）を中心に行ったロビー活動であった。

　経団連は、1984年5月、「ワールドワイド・ユニタリー課税問題協議会」を発足させ、同年6月にはカリフォルニア州の進出日系企業61社で「加州投資環境協議会（CIEC）」を設立した。CIECは、広報活動に力を注ぐとともに、ロビイストを雇ってロビイングを展開した。その基本戦略は、同税制が違法かどうかを問題にするのではなく、州法改正が行われるならば、日本企業など外国企業の進出が拡大し雇用創出にもつながるので、税収面で失う部分があるとしても結局は取り戻せることを訴えるものであった。

　一方で経団連は、対米投資ミッションを米国に派遣し、当時のレーガン大統領に会って、同税制の撤廃を要求した。1983年9月には英国のサッチャー首相が米政府に同じく制度廃止を迫ったこともあり、1985年11月、レーガン大統領がユニタリータックスの撤廃に向け連邦政府として新たな措置をとるよう財務長官に指示をした。

　そして1986年8月、完全撤廃にはならなかったが、カリフォルニア州議会において、次の2点を内容とする修正法案が可決された。

---

　①米国外の事業活動が全体の80パーセントを超える外国企業等は、従来のワールドワイド・ユニタリータックス方式か、米国内の事業活動に課税対象を限定する水際（ウォーターズエッジ）方式のいずれかを選択することができる。ただ、後者を選択した場合には、州当局に対する一種の"迷惑料"的な選択料（election fee）の支払義務を課す、②米多国籍企業の海外子会社からの配当金に対する課税は免除する（オルキスト法案―バスコンセロス法案）。

なお、本「選択料」については、1993年10月に成立した水際方式改正法によって廃止された。

米国におけるユニタリータックス税制は、米国外にある親会社にまで適用を拡大したため、国際税務摩擦を引き起こした。

いま大きな課題となっているのは、移転価格問題を中心とした各国の対策税制をグローバルルールでどう調和させられるかである。一方で行きすぎた節税を抑制しつつ、他方では二重課税をなくさなくてはならない。

■3．先進国と新興国間の国際税務摩擦

経済産業省が2014年3月に、海外に現地法人を持つ日本企業4,296社に対して実施したアンケート調査では、回答した895社の14%に当たる124社が「過去5年以内に国際的な二重課税の原因となる課税が生じた」と答えた。

二重課税問題が最多だったのは中国で38社、次いでインドが23社、インドネシアが21社となっており、新興国で問題が多発していることがわかる。特に追徴課税を受けた理由としては、日本の親会社と海外子会社間の取引価格についての相手国税務当局との意見の食い違いによるとしたものが124社中54社あり、次いで企業の海外拠点が課税対象になるかどうかの判定に関する紛争が28社あった。

親会社と海外子会社間の取引価格の問題は、後述するところの移転価格問題である。海外拠点の課税問題は、海外拠点の形態の問題でもある。日本企業が支店を通じて事業活動を行って利益をあげた場合には課税対象になるが、駐在員事務所の場合は情報収集や連絡のみを行うので課税対象にならないのが原則である。だが、インドに同事務所を置いたある日本企業の場合、従業員の数が多いことを理由に営業活動をしているとみなされ、課税された例があるという。

二重課税防止ですぐ思い浮かぶのが租税条約である。国際二重課税問題を抜本的に解決するには、多国間条約によるのがよい。だが、これによる課税

権の調整はまだ実現するに至らず、二国間条約の形で、相互に二重課税防止を図っている。

　租税条約のことは英語でtax treatyでもよいが、double taxation conventionというほうがより正式に近い。ちなみに日米間の租税条約はConvention between Japan and the United States of America for the avoidance of double taxation and the prevention of fiscal evasion with respect to taxes on income「所得に対する租税に関する二重課税の回避及び脱税の防止のための日本国とアメリカ合衆国との間の条約」という。日本は現在62ヵ国・地域と租税条約を締結している。

　租税条約のモデルになっているのは、「OECD（経済協力開発機構）モデル」と「国際連合モデル」の2つである。前者は先進国であるOECDメンバー国が中心に作ったのに対し、後者は新興国が中心に作ったものである。

　また、OECDモデルに比べ国連モデルは、所得が実際に生じる国に大きな課税権を与える点に違いがある。世界でより多く使われているのはOECDモデルであるため、新興国は、特に欧米のグローバル企業が事業活動によって利益をあげているにもかかわらず新興国で税金を払っていないことに不満を抱いている。

　米国など先進国の側でも、アップルやグーグルのような大グローバル企業が米国法人でありながら米国にほとんど税金を納めていないと考えている。先進国、新興国いずれの側においてもグローバル企業の行きすぎた節税に対応策の必要性を感じていることがわかる。

　とりわけ問題視されたのがグループ企業間の取引価格を操作することで税率の低い国や地域に利益を移す「移転価格」である。2013年6月の主要8ヵ国（G8）首脳会議では、これへの対策を強化することで合意がなされた。これを受け同年7月には、OECD租税委員会が、税源浸食と利益移転（Base Erosion and Profit Shifting）プロジェクトに基づいて「BEPS行動計画（1〜15）」を公表した。

OECDは、2014年1月30日、「移転価格文書化及び国別報告に係る公開草案」を公表し、行動計画の「行動13：移転価格関連の文書化の再検討」を具体化した。

　公開草案には、日本の経団連をはじめ各国の経済界がこぞって懸念を表明した。懸念の理由は、移転価格に関して企業が作成すべき報告書に盛り込む情報量が多すぎる点である。OECD案では製品のサプライチェーン、知的財産の戦略、事業再編の説明などの重要情報を報告内容に含めるよう求める。加えて子会社ごとの所得額、納税額、従業員給与総額なども求めており、報告は親会社の所在国だけでなく、子会社がある各国の税務当局にも提出しなくてはならない。

■ 4. 移転価格に関する裁判例

　OECDを中心にした節税防止のためのルール作りは、移転価格による課税逃れに対応するものであったが、そのなかで特に焦点が当てられてきたのが、無形資産の「価格」算定方法の見直しである。無形資産は、知的財産権よりも広く、経営に関するノウハウを使った営業利益の増加分などを含む概念である。

　なぜ無形資産が規制対象として取り上げられるかといえば、節税を図ろうとする当事者にとって"利用"しやすいからである。移転価格税制のもとでは、非通例的な内容の取引によって税収機会を奪われることになる税務当局が、独立企業間価格との差額につき推定課税をする。だが、無形資産にはいわばつかみどころがなく、何が通例的な内容の取引であるかを判断するものさしがないのが普通である。

　この点が特に問題とされた裁判例がアドビシステムズ事件東京高等裁判所平成20（2008）年10月30日判決であり、課税庁の行った独立企業間価格の算定方法は合理的な方法とはいえないとして課税処分を取り消した。

　本件の事案は以下のようなものであった。

X社は、外国親会社A社との間で、A社製コンピューターソフトを卸売業者、第2次販売業者およびエンドユーザーへの販売支援などを内容とする業務委託契約を締結し、その手数料として日本における同コンピューターソフトの総売上高の1.5％およびX社の直接費、間接費および一般管理費配賦額の一切に当たる金額を受け取ることを定め、これにより計算された手数料の支払を受けた。

　これに対し東京国税局は、X社による手数料の算定が合理的でないとし、グラフィックソフトを母集団として、在庫リスクのない受注販売方式で取引を行っている法人を比較対象に選定し、同業他社に対する質問検査権の行使（租税特別措置法〈以下、「措置法」と略す〉66条の4第9項）を行って、同法人から資料提供を受け、売上総利益率を算定するなどして独立企業間価格を算出して更正処分などを行った。

　X社は、課税庁の算出した価格は独立企業間価格とはいえないと主張して、国を相手に移転価格税制に基づいた賦課決定の取消を求めて訴えを提起した。

　第1審は、国側を勝たせる判決を下した。控訴審はこれを覆し、更正処分などを取り消し、同判決が、国側が上告を断念したことで確定した。控訴審判決の要旨は以下のとおりである。

① 本件算定方法が措置法の定める再販売価格基準法に準ずる方法と同等の方法に当たることは、課税根拠事実ないし租税債権の要件事実に該当するから、処分行政庁において主張立証責任を負う。
② 再販売価格基準法は、取引当事者の果たす機能や負担するリスクが重要視される取引であることから、本件算定方法が取引の内容に適合し、かつ、基本三法の考え方から乖離しない合理的な方法であるか否かを判断するにあたっても、こうした機能やリスクの観点から検討すべきものと考えられる。
③ 本件国外関連取引においてX社が果たす機能と、本件比較対象取引に

おいて本件比較対象法人が果たす機能とを比較するに、本件国外関連取引は、本件各業務委託契約に基づき、本件国外関連者に対する債務の履行として、卸売業者等に対して販売促進等のサービスを行うことを内容とするものであって、法的にも経済的実質においても役務提供取引と解することができるのに対し、本件比較対象取引は、本件比較対象法人が対象製品であるグラフィックソフトを仕入れてこれを販売するという再販売取引を中核とし、その販売促進のために顧客サポート等を行うものであって、X社と本件比較対象法人とがその果たす機能において看過し難い差異があることは明らかである。

④ 本件国外関連取引においてA社が負担するリスクと、本件比較対象取引において本件比較対象法人が負担するリスクを比較するに、X社は、本件各業務委託契約上、本件国外関連者から、日本における純売上高の1.5％並びにX社のサービスを提供する際に生じた直接費、間接費及び一般管理費配賦額の一切に等しい金額の報酬を受けるものとされ、報酬額が必要経費の額を割り込むリスクを負担していないのに対し、本件比較対象法人は、その売上高が損益分岐点を上回れば利益を取得するが、下回れば損失を被るのであって、本件比較対象取引はこのリスクを想定（包含）した上で行われているのであり、A社と本件比較対象法人とはその負担するリスクの有無においても基本的な差異があり、これは受注販売方式を採っていたとしても変わりがない。

⑤ 以上によれば、本件国外関連取引においてA社が果たす機能及び負担するリスクは、本件比較対象取引において本件比較対象法人が果たす機能及び負担するリスクと同一又は類似であるということは困難であり、他にこれを認めるに足りる証拠はない。本件算定方法は、それぞれの取引の類型に応じ、本件国外関連取引の内容に適合し、かつ、基本三法の考え方から乖離しない合理的な方法とはいえないものといわざるを得ない。そうすると、処分行政庁が本件取引に適用した独立企業間価格の算定方法は、措置法の規定する「再販売価格基準法に準ずる方法と同等の

方法」に当たるということはできない。

■5．タックス・ヘイブン対策税制のもとでの裁判例

　グローバル企業は、税率の低いタックス・ヘイブンに現地法人を設立し、タックス・ヘイブンの外で行った金融取引の勘定残高のみをその法人に残して節税を図ろうとすることがある。

　日本企業がこうしたタックス・ヘイブンを利用した節税に走るならば、日本国としては税収機会を失いかねない。そこで、諸外国にならい日本でも、1978（昭和53）年、タックス・ヘイブンにある現地法人の留保所得を日本親会社などの所得に合算して課税できるタックス・ヘイブン対策税制を導入して対応を図ってきた。

　以下に紹介する裁判事例において、英国の著名な製薬会社の日本子会社が、同社に対して行われた約226億円に上る課税処分につき、日本のタックス・ヘイブン対策税制は、恒久的施設（PE）を日本に有しない現地法人に対して課税するもので、「恒久的施設なければ課税なし」の原則を定めた租税条約に違反するとして訴えを提起した。

　原告となったグラクソ株式会社は、1979年にシンガポールに設立されたグラクソケム社の発行済株式総数の9割を保有する日本法人である。グラクソケム社は、シンガポールで行っていた薬の製造販売事業を関連会社に売却し、1998年3月、保有株式を売却または消却し、同年12月期の事業年度に譲渡益約8億シンガポールドルを計上した結果、シンガポールの税制が株式譲渡益を非課税としているため、同事業年度の所得金額の約4.32%の租税額しか課されなかった。

　日本の課税庁は、2003年2月、グラクソケム社が措置法にいう「特定外国子会社等」に当たるとして、当該事業年度における同社の課税対象留保金

額を約9億4,409万シンガポールドルと算定し、これを日本親会社の1999（平成11）年12月期の事業年度における所得金額の計算上、益金の額に算入する内容の更正処分を行った。日本グラクソは、この更正処分等の取消を求めて訴訟を提起した。

　本件訴訟における主な争点は、措置法66条の6は、日本とシンガポールの租税条約7条1項に違反するかであった。第1審、控訴審ともに違反はないと結論づけたが、最高裁判所は、この争点のみについて上告を受理し、平成21（2009）年10月29日、以下のような判断を示した。

① 自国における税負担の公平性や中立性に有害な影響をもたらす可能性のある他国の制度に対抗する手段としていわゆるタックス・ヘイブン対策税制を設けることは、国家主権の中核に属する課税権の内容に含まれるものと解される。
② 日星租税条約7条1項は、いわゆる「恒久的施設なくして課税なし」という国際租税法上確立している原則を改めて確認する趣旨の規定とみるべきところ、同項は法的二重課税を禁止するにとどまる。
③ 措置法66条の6第1項は、外国子会社の留保所得のうちの一定額を内国法人である親会社の収益の額とみなして所得金額の計算上益金の額に算入するものであるが、この規定による課税があくまで我が国の内国法人に対する課税権の行使として行われるものである以上、日星租税条約7条1項による禁止または制限の対象に含まれない。
④ 日星租税条約は、OECDのモデル租税条約に倣ったものであるから、同条約に関してOECDの租税委員会が作成したコメンタリーは、日星租税条約の解釈に際しても参照されるべき資料ということができる。モデル租税条約7条1項について同コメンタリーは、同項が法的二重課税に関する規定である旨を明確に述べている。同条約7条等の関連規定の各コメンタリーは、措置法66条6のような形のタックス・ヘイブン対策

税制がその文言を理由に同モデル租税条約に違反しないとしている。
⑤　日本のタックス・ヘイブン対策税制が全体として合理性のある制度である以上、シンガポールの課税権や同国との間の国際取引を不当に阻害し、ひいては日星租税条約の趣旨目的に反するということはできない。

■おわりに

　課税権の行使は主権国家存立の基礎をなすものであるだけに、課税ルールの調和を求めグローバルルールを策定する試みは容易に進展しない。ただ、この作業を怠るならば、一方でグローバル企業による、各国の税制の違いを利用した巧みな節税がまかり通ってしまい、他方で、関係国が課税権を譲らないことから生じる二重課税問題が企業を苦しめかねない。

　特に先進国と新興国間の意見の食い違いがグローバルルール作りを妨げている。そこで、OECDは中国、インドなど新興国8ヵ国と新たなルール策定にとりかかっているのであるが、OECDを"先進国クラブ"のように見ている新興国側の反発は根強く、作業は難航している。

　2014年9月16日、OECDは報告書を公表した。企業グループ内の国境を越えた取引について税務当局へ年1回報告することを義務づける内容になっており、税率の低い国に利益を移す節税策を防止しようとする。

索 引

C
COMI ……………………… 161, 162

E
EC・PL指令 ……………………114
EEOC ………………… 42, 43, 44, 45
EU倒産規則 ………… 158, 159, 160

F
FATF ……………………………17, 18
FBI ………………… 134, 135, 136, 137
FCPA ……… 64, 67, 68, 72, 74, 76, 78, 79,
　　　　　　　　80, 81, 141, 147, 186
FED ……………………………… 52
FRB ……………………………… 52

I
IBM産業スパイ事件 ………… 47, 133
IJPC ……… 99, 100, 101, 102, 103, 106
ISDS条項……………………………174
ITC ……………………………… 59

L
L-トリプトファン事件 …… 107, 116

M
M&A …………… 9, 85, 87, 88, 92, 93

O
ODA（政府開発援助）……………… 64

OECD
OECD …………… 64, 67, 74, 76, 195,
　　　　　　　　　196, 200, 201

P
PL（製造物責任）　107, 111, 112, 113,
　　　　　　　　114, 115, 116, 119
PL訴訟 ……………… 107, 111, 112,
　　　　　　　　　113, 114, 115
PL法 ……………… 111, 112, 114

S
SOX法……………………………… 72

T
TOB ………… 83, 89, 90, 91, 92, 93,
　　　　　　　　94, 95, 96, 97, 98
TOB合戦 ………… 91, 92, 93, 95, 97

U
UNCITRALモデル法 ……… 160, 161
USTR ……………………………… 57

あ行
アクセスコントロール……………155
アジア通貨危機……………………… 34
アドビシステムズ事件……………196
アファーマティブ・アクション
　………………………………45, 46
アルジェリア人質事件……………… 99

アンビュランス・チェイシング
　　……… 111, 116, 117, 119, 122, 124
一般管理費配賦額………… 197, 198
移転価格…… 192, 194, 195, 196, 197
イラン・イラク戦争………… 99, 102, 103, 104
インターネット………… 26, 154, 155
ウォール・ストリート・
　ジャーナル事件………………154
英国ブライバリーアクト… 67, 74, 79
エージェント……… 68, 69, 70, 71, 73, 77, 78, 80, 81, 178
エスケープ・クローズ…………… 47

か行

海外子会社の現地化…………38, 39
海外コンサルタント………………66
会計処理条項………… 74, 75, 80, 81
外国倒産手続の承認……………159
外国腐敗行為防止法… 64, 67, 74, 141, 147, 186
会社更生法… 162, 163, 164, 165, 169
外商投資企業……………………171
外為法………… 10, 11, 14, 15, 16
確定判決… 14, 127, 128, 129, 130, 132
ガット………………………… 58
株主代表訴訟………… 48, 53, 54
株主平等原則………………… 90
カルテル……… 78, 143, 146, 147, 148
監視義務………………………… 52
関税法……………………57, 59
キープウェル・レター…………… 30
企業集団内部統制………………… 38

基本協定………… 100, 104, 106
キャッチオール規制…………16, 17
ギャランティ………………… 31
「9.11」テロ …………………17, 18
行政処分…………………………48, 54
業務委託契約…1, 2, 3, 5, 6, 7, 197, 198
キルビー特許…………… 60, 61, 62
金融検査マニュアル……………… 35
禁輸リスト…………………… 11
クラスアクション… 43, 111, 114, 119
グリーンメイラー……………85, 89
グループ内部統制………………… 13
グループ法人税制……… 188, 190, 191, 192
グローバルルール……… 68, 157, 160, 165, 194, 201
クロスボーダー… 9, 92, 93, 128, 162
クロスライセンス………… 60, 61, 62
経営指導念書……………… 34, 35, 36
経済スパイ法………… 133, 136, 137, 138, 139, 140
経済連携協定（EPA）……………174
継続的契約の解除…………………9
厳格責任……………… 44, 112, 113
現地法コンプライアンス………… 46
権利の濫用………………… 62, 178
恒久的施設…………………… 199, 200
更生債権……………………… 34
合弁契約………… 100, 105, 106, 186
合弁パートナー………………36, 77
公民権法………… 39, 40, 41, 44
国外関連取引……………… 197, 198
国際カルテル……… 78, 143, 147, 148

203

国際裁判管轄… 20, 21, 22, 23, 24, 25, 26, 27, 118, 126, 127, 129, 178, 179
国際商業会議所（I.C.C.）… 173, 186
国際税務摩擦…………………194
国際訴訟アレルギー……………37
国際的二重訴訟… 24, 25, 27, 127, 128
国際倒産事件……… 29, 157, 164, 165
国際二重課税…………………194
国際並行倒産………… 157, 163, 165
国際礼譲…………… 183, 185, 186
国際連合……………………17, 195
国連国際商取引法委員会…………158
国連腐敗防止条約……………… 81
ココム…………… 10, 11, 12, 13, 14, 15, 16, 17, 19
コミットメント………………… 79
雇用差別訴訟………… 38, 39, 41, 45
コンサルティング契約…………… 65
コンプライアンス体制…… 13, 16, 17, 19, 54, 55, 68, 72, 73, 74, 80, 81, 147
コンプライアンス・プログラム
　…………………… 12, 77, 79
コンプライアンス・ポリシー… 69, 71

さ行

サーシオレイライ………………182
再建型倒産手続…………… 167, 168
最高裁判所…… 21, 22, 25, 40, 41, 62, 90, 105, 112, 120, 121, 153, 156, 173, 175, 177, 180, 182, 185, 192, 200

裁判管轄権… 20, 21, 22, 27, 118, 119, 120, 126, 127, 131, 178
裁判管轄条項………………31, 34
財務省証券……………… 48, 50, 51
債務不存在確認訴訟… 25, 37, 62, 63, 125, 128, 129, 130, 131, 132
サプライチェーン………… 10, 196
三光汽船会社更生事件……………165
３倍賠償…………… 184, 185
資金情報機関……………………17
システムリスク………………… 49
実質支配基準………………13, 36
支配権の変更…………………… 9
シャーマン法…… 144, 181, 182
主権免責特権……………………174
巡回区控訴裁判所… 40, 41, 121, 182
準拠法条項………………31, 34
商業賄賂………………………… 81
消極的確認訴訟………… 129, 131
証券取引所法……… 75, 95, 185
証券取引法………… 13, 88, 93, 96
証券法………………… 95, 182, 185
譲渡条項………… 3, 4, 5, 6, 7, 8, 9
条理………… 21, 22, 126, 127, 179
新株予約権無償割当て…………… 90
新興国…… 54, 64, 68, 72, 99, 100, 101, 104, 106, 146, 147, 164, 165, 171, 174, 194, 195, 201
ステアリングコミッティ…………167
製造物責任……… 107, 109, 114, 116, 119, 126, 131
セクハラ……………… 42, 43, 44

節税スキーム‥‥‥‥ 187, 188, 191
尖閣諸島‥‥‥‥‥‥‥‥‥‥‥ 10
善管注意義務‥‥‥‥‥‥‥‥50, 52
相互主義‥‥‥‥‥‥‥‥‥‥‥ 8
属地主義‥‥‥‥‥‥‥‥ 160, 163
訴訟アレルギー‥‥‥‥‥‥‥ 37
租税回避‥‥‥‥‥‥‥‥ 189, 190
租税条約‥‥‥ 194, 195, 199, 200, 201
税源浸食‥‥‥‥‥‥‥‥‥‥195
租税特別措置法‥‥‥‥‥‥‥197
ソビエト連邦‥‥‥‥‥‥‥ 10, 105

た行

ターゲッティング‥‥‥‥‥‥ 57
対抗立法‥‥‥‥‥‥‥‥‥ 54, 146
大審院‥‥‥‥‥‥‥‥‥‥‥ 62
対日輸出規制‥‥‥‥‥‥‥‥ 10
大量保有報告書‥‥‥‥‥‥‥ 88
多重代表訴訟制度‥‥‥‥‥‥ 14
タックス・ヘイブン‥‥‥‥ 192, 199, 200, 201
男女雇用機会均等法‥‥‥‥‥ 44
ダンピング‥‥‥‥‥‥‥‥‥ 58
知的財産権紛争‥‥‥‥‥‥‥ 61
チャイナリスク‥‥‥‥‥‥‥104
チャプター・イレブン
‥‥‥‥‥‥‥‥ 113, 161, 168
仲裁合意‥‥‥‥ 173, 175, 177, 178, 179, 182, 183, 185
仲裁条項‥‥‥‥‥‥ 100, 177, 178, 182, 184, 186
仲裁法‥‥‥‥ 176, 179, 181, 182, 185
懲罰的損害賠償‥‥‥‥‥‥‥109

懲罰的賠償‥‥‥‥‥‥‥‥ 44, 110
帳簿・記録規定‥‥‥‥‥‥‥ 75
通商条約‥‥‥‥‥‥7, 39, 40, 41, 42
通商利益保護法‥‥‥‥‥‥‥146
ディープポケット‥‥‥‥‥‥119
ディスクロージャー‥‥‥‥ 93, 95, 96
敵対的M&A‥‥‥‥‥‥‥‥87, 88
デフォルト事由‥‥‥‥‥‥‥166
デューデリジェンス‥‥‥‥ 70, 79
テロ資金提供処罰法‥‥‥‥‥ 18
東西合弁‥‥‥‥‥‥‥‥ 105, 106
東西冷戦構造‥‥‥‥‥‥‥‥106
東西冷戦時代‥‥‥‥‥ 10, 16, 17
独占禁止法‥‥‥‥ 54, 59, 60, 145, 146, 147, 148, 178, 188
独立企業間価格‥‥‥‥ 196, 197, 198
飛ばし‥‥‥‥‥‥‥‥‥‥‥ 13
トレード・シークレット法‥‥‥136

な行

内部統制構築義務‥‥‥‥‥‥ 48
内部統制システム‥‥‥ 17, 48, 49, 75
ナショナルプロジェクト
‥‥‥‥‥‥‥‥ 102, 103, 104
二重課税‥‥‥ 192, 194, 195, 200, 201
日米経済摩擦‥‥‥‥‥‥‥55, 56
日米構造問題協議‥‥‥‥‥ 86, 146
日米友好通商航海条約‥‥‥‥39, 42
日本公認会計士協会‥‥‥‥‥ 35

は行

ハイブリッド・ミスマッチ取引‥191
犯罪収益移転防止法‥‥‥‥‥18, 19

半導体関税……………………………59
半導体摩擦………… 47, 56, 57, 58, 59
反トラスト法… 60, 78, 141, 142, 143,
　　　144, 145, 146, 147, 148, 173, 180,
　　　　　　　181, 182, 183, 184, 185, 186
ファシリテーション・ペイメント
　　………… 68, 69, 70, 71, 72, 79
ファンド………… 13, 83, 89, 97, 113
フェアユースの法理 …… 151, 152,
　　　　　　　　　　　　　153, 154
フォーラム・ショッピング 123, 159
フォーラム・ノン・
　コンビニエンスの法理…………120
不可抗力免責……………………100
不正競争防止法……… 64, 66, 67, 68,
　　　　　　　　　　　　72, 81, 141
普遍主義………………… 160, 163
プライバリーアクト……… 67, 74, 79
プラントプロジェクト……………76
紛争処理条項………………104, 105
米国著作権法………… 150, 154, 156
米国通商法301条 ………………57
ベータマックス事件… 149, 151, 152
ペーパーカンパニー……………66
ヘルプライン……………………147
妨訴抗弁………………176, 177, 178
法の域外適用… 64, 67, 141, 142, 143,
　　　　　　　　145, 146, 147, 184
法の適用に関する通則法
　　………………… 31, 176, 177
報復関税………………………58
法令遵守経営……………………51
法令等遵守計画…………………12

ポストマージャー………………93
ホッチポットルール……………169
ホットライン……………………147
ボパール事故……………………119
本案前の主張………… 23, 24, 130
本人確認………………… 18, 19, 71

ま行

マネー・ローンダリング………17
マレーシア航空事件…………20, 26
水際（ウォーターズエッジ）方式
　……………………………193
無形資産…………………………196
メインバンク………………29, 33
持分法関連会社………………35, 36
モニタリング……………………58, 70

や行

有価証券報告書………… 36, 108, 109
有限責任原則…………………38
有罪答弁………………… 48, 78, 148
輸出管理（法）…………… 19, 141
輸出貿易管理令………… 11, 15, 16
ユニタリータックス… 192, 193, 194

ら行

リコール（回収）………………107
リスク管理体制………………49, 50
リステイトメント………………112
リスト規制………………………16
リニエンシー制度………………147
累積投票制……………………86, 87
レターアグリーメント…………28

206

レター・オブ・アウェアネス……　30
レター・オブ・コンフォート…28, 29
レター・オブ・サポート…………　30
レピュテーション………………43, 45
連結財務諸表規則…………………　13
連結納税…… 188, 189, 190, 191, 192
連邦最高裁判所……　40, 41, 153, 156,
　　　　　　　　　　173, 180, 182, 192
連邦地方裁判所……… 34, 59, 60, 92,
　　　　　　　　　　108, 130, 131, 135,
　　　　　　　　　　137, 150, 181
連邦破産法11章 ……………………113
連邦反トラスト法………… 141, 173
ローカル・ルール…………………　53

わ行

ワールドワイド・
　ユニタリータックス方式………193
ワッセナー・アレンジメント……　15
ワルソー条約……………………23, 24
ワンダラーブラウス事件…………　47

〈著者略歴〉

長谷川 俊明（はせがわ としあき）

　　長谷川俊明法律事務所代表。
　　1973年早稲田大学法学部卒業。1977年弁護士登録。1978年米国ワシントン大学法学修士課程修了（比較法学）。国土交通省航空局総合評価委員会委員、元司法試験考査委員（商法）。日本コンプライアンス・オフィサー協会会長。現在、渉外弁護士として、企業法務とともに国際金融取引や国際訴訟を扱う傍ら、上場・大会社数社の社外監査役を務める。

〈主な著書〉

　　『実践 個人情報保護対策Q＆A』『敵対的企業買収への対応Q＆A』『実践 新会社法対策Q＆A』（以上、経済法令研究会）『訴訟社会アメリカ』『競争社会アメリカ』『日米法務摩擦』（以上、中央公論新社）、『海外子会社の契約書管理』『海外事業の監査実務』（以上、中央経済社）、『株主代表訴訟対応マニュアル100カ条』『訴訟社会』（訳書）（以上、保険毎日新聞社）、『ビジネス法律英語入門』『リスクマネジメントの法律知識』（以上、日経文庫）、『ローダス21最新法律英語辞典』（東京堂出版）、『法律英語の用法・用語』『法律英語と紛争処理』『国際ビジネス判例集―知財編―』『買収防衛とM＆A判例集』『法律英語と会社』『新・法律英語のカギ―契約・文書―［全訂版］』『法律英語と金融―基本契約から国際金融法務まで―』（以上、レクシスネクシス・ジャパン）ほか。

「国際商事法」の事件簿　～過去の有名事件から学ぶ国際ビジネス紛争の解決策

2015年2月10日　初版第1刷発行	著　者　　長谷川　俊明
	発行者　　金　子　幸　司
	発行所　　㈱経済法令研究会
〈検印省略〉	〒162-8421　東京都新宿区市谷本村町3-21 電話 代表 03-3267-4811　制作 03-3267-4823

営業所／東京03(3267)4812　大阪06(6261)2911　名古屋052(332)3511　福岡092(411)0805

カバーデザイン／清水裕久　組版／DTP室　編集協力／㈱BKC　制作／中原秀紀　印刷／日本ハイコム㈱

Ⓒ Toshiaki Hasegawa 2015　　Printed in Japan　　　　　　　ISBN978-4-7668-2365-3

"経済法令グループメールマガジン"配信ご登録のお勧め
　当社グループが取り扱う書籍、通信講座、セミナー、検定試験情報等、皆様にお役立ていただける情報をお届け致します。下記ホームページのトップ画面からご登録いただけます。
　　　　　　☆　経済法令研究会　http://www.khk.co.jp/　☆

定価はカバーに表示してあります。無断複製・転用等を禁じます。落丁・乱丁本はお取替えします。